KB075215

○ 위혜정

- 16년차 고등학교 영어교사, 브런치 작가
- 서울대학교 석사과정(외국어교육과 영어 전공) 파견/졸업
- 저서 : 《아침 10분 영어 필사의 힘》, 《하루 10분 100일의 영어 필사》,
  《초등생의 영어 학부모의 계획》, 《괜찮아, 바로 지금이 나야》(공저),
  《필사하면 보이는 것들》(공저), 《책속 한 줄의 힘》(공저)
- 편역 : 《어린왕자: 하루 10분 100일의 영어 필사》
  《빨간 머리 앤: 하루 10분 100일의 영어 필사》

2008년 인문계 고등학교에 발령받은 후 영어 수업에 대한 고민과 연구가 시작되었다. 경기도 교육청 '창의인성수업디자인 연구회' 창립 멤버로 학생 활동, 표현 중심 수업을 구현하기 위해 끊임없이 연구하며 현재 연구위원으로 교사 대상 강의를 하고 있다.
영어 필사를 경험한 후, 문제 유형을 분석하며 정답을 찾기 위해 끊임없이 훈련하는 시험이 아닌, 그저 '영어'를 수단으로 삶을 이야기하고 싶어 학생, 교사들과 영어 텍스트를 함께 필사하고 있다.

빨간 머리 앤
하루 10분 100일의 영어 필사

루시 모드 몽고메리 (Lucy Maud Montgomery, 1874 ~ 1942)

캐나다의 프린스 에드워드 섬 클리프턴에서 태어났다. 두 살 때 어머니를 여의고 우체국을 경영하는 조부모와 함께 살면서 어린 시절을 보냈다. 신문과 잡지에 글을 써서 이름이 어느 정도 알려진 몽고메리는 데일리 에코 석간신문 기자로 일하기도 했다. 대학교를 졸업한 뒤 교사생활을 하였으며, 외로운 소녀시절의 경험을 소재로 창작한 첫 작품 《빨간 머리 앤(Anne of Green Gables)》(1908)으로 인기를 얻었다. 《에이번리의 앤》 등의 후속 작품들을 발표하였고, 나중에는 길버트와 결혼하여 아이들도 낳고 중년부인의 삶을 살아가는 앤 이야기를 집필한다. 1942년 몽고메리가 죽은 후, 아들이 어머니 원고를 정리하여 발표하였다.

빨간 머리 앤
하루 10분 100일의 영어 필사

초판 1쇄 발행 2024년 3월 14일

엮은이 위혜정
편집인 옥기종
발행인 송현옥
디자인 디자인빛깔
일러스트 르방이(@jeju_lebang2)

펴낸곳 도서출판 더블:엔
출판등록 2011년 3월 16일 제2011-000014호

주소 서울시 강서구 마곡서1로 132, 301-901
전화 070_4306_9802
팩스 0505_137_7474
이메일 double_en@naver.com

ISBN 979-11-93653-01-2 (13740)

하루 10분 100일의 영어 필사

빨간 머리 앤

루시 모드 몽고메리 | 위혜정 엮음

더블:엔

헬로우, 하루 10분!

:

흐르는 시간 속에 삶도 흘러간다. 애써도 잡히지 않고, 잡힐 듯한 찰나도 비껴가는 것이 시간이다. 잠시라도 머물러 함께 흘러가는 여유보다 아등바등 분주한 생산자의 삶을 칭송하는 시대이다. 시성비(時性比)를 따지며 1분 1초 단위로 시간을 조각내고 그 틈새를 벌려 여러 개의 공을 저글링하는 현대인들은 또다른 피로감을 견디고 있다. 조각난 시간의 물결 위에 삶의 파편들이 둥둥 떠다닌다. 분초 사회의 효율성 덕에 빠른 결과물을 누리기도 하지만 속도의 혜택으로 잃어가는 것 역시 많다. 생각이 배회할 수 있는 공간, 상상의 영역이 잠식되고 있다. 여기저기 흩뿌려진 생의 편린들을 짜 맞추어 연속적으로 이어줄 수 있는 여백의 시간, 느림의 미학과 멈춤의 미덕이 필요한 때다.

"느림의 미학이다. 주옥같은 표현, 문장, 장면에 머물러 곰곰이 그리고 깊이 생각한다. 텍스트에서 흘러나오는 말과 글이 개인적인 경험, 지식, 정서를 통과하며 나만의 의미로 삶의 결을 잡아준다. 행간의 울림과 감흥이 깊이 있는 성찰과 적용까지 가닿는다. 글 속에 꿈틀대는 수많은 메시지들이 나의 생각과 만나고 이를 통해 광활한 정신의 공간 속에서 의미 있는 점들이 찍히고 연결되는 희열을 느낄 수 있다."

―《아침 10분 영어 필사의 힘》, 위혜정, 더블엔

마음껏 생각을 풀어 놓으며 사유, 성찰, 상상을 오가는 소녀, 하면 탁! 떠오르는 누군가가 있다. 바로 빨간 머리 앤이다. 고단한 삶 속에 한계를 짓지 않은 상상의 세계는 그녀를 지탱하는 힘이었다. 끝없는 사유의 확장으로 인생을 써 내려간 앤은 가능성과 긍정의 아이콘으로 시대를 초월하여 사랑받고 있다. 앤의 뛰어난 감성은 타고난 것일 수도 있지만 어릴 때부터 책 속에 파묻혀 끝없이 펼쳐낸 상상력의 열매가 아닐까 한다. '운이 좋았을 수도 있지만 우연히 생긴 일이 아니다.'라는 말처럼.

"현명한 사람이 되는 게 훨씬 좋은 일 같지만 내가 그렇게 되고 싶은지는 잘 모르겠어요. 그건 너무 로맨틱하지 않거든요. 계속 무엇인가를 상상하는 것, 어떤 일이 끝난 다음에 할 수 있는 멋진 일 중 한 가지가 바로 상상을 하는 거예요. 내 머릿속에는 이야깃거리가 몇백만 개나 되거든요. 우리 학교에 저만큼 뛰어난 상상력을 가진 아이는 없는 것 같아요."

현명함보다 로맨틱한 상상력을 선택한 앤은 결국 두 가지 모두를 갖게 된다. 넉넉한 사유의 공간에서 알토란같은 삶의 지혜까지 뽑아낸 것이다. 어린 시절, 애니매이션으로 처음 보았던 빨간 머리 앤은 그닥 매력적인 아이가 아니었다. 흥얼거렸던 노래의 가사처럼 '주근깨 빼빼 마른 빨간 머리 앤, 예쁘지는 않지만…'의 수식어가 머릿속에 맴돌 뿐이었다. 어른이 되어 다시 만난 앤은 볼수록 매력 있는, 계속 옆에 두고 싶은 소녀이다. 입술에서 툭툭 떨어지는 말이 하나같이 주워 담고 싶은 보석 같은 영롱함을 발한다.

초록색 지붕의 집, 동쪽 다락방 창문으로 쏟아져 들어오는 햇살을 맞으며 영혼을 씻어낸 듯 매일 새롭게 하루를 출발하는 앤의 머릿속엔 온통 상상을 통한 기쁨과 감사뿐이다. 길바닥에 내던져진 천애고아의 불안감은 바로 지금, 이 순간에 집중하려는 몸부림을 통해 기쁨으로 치환된다. 가슴 깊은 곳에서부터 터져 나오는 감탄의 연발은 주변까지 아름답게 전염시키는 힘이 있다.

"정말 근사한 날이에요! 오늘 같은 날에 살아있는 것만으로도 행복하지 않아요? 정말로 즐겁고 행복한 나날이란 멋지고 놀라운 일이 일어나는 날이 아니라 진주알들이 알알이 한 줄로 꿰어지듯이 소박하고 작은 기쁨들이 조용히 이어지는 날들이에요." ─《빨강머리 앤》, 몽고메리, 인디고(글담)

《아침 10분 영어 필사의 힘》의 가장 첫 장에 담았던 문구이다. 이제, 'Now and Here(지금 이 순간)'에 몰입할 수 있는 빨간 머리 앤의 상상과 통찰을 따라가보려 한다.

여덟 권의 〈빨간 머리 앤〉 시리즈 중에서 앤의 성장기를 다룬 《Anne of Green Gables(초록 지붕 집의 앤)》을 한 장 한 장 들여다보았다. 100일이라는 시간 안에 소설 한 권을 마음에 담을 수 있도록 원문을 발췌했다. '텍스트의 분량'과 '100일'이라는 조건으로 필터링하되, 원문 가운데서 앤이 건네는 주옥같은 명언이 녹아난 에피소드들을 추려내어 흐름이 끊기지 않도록 양을 덜어냈다. 파트별로 주요 사건들 사이사이의 간극을 메우고 소설의 흐름을 잘 따라갈 수 있도록 간략한 줄거리와 설명을 덧붙였다. 텍스트 이해의 깊이를 더해볼 요량으로 작품과 관련된 주변 이야기, 문화적 코드, 관련 음악과 영시, 명언, 언어의 확장, 성찰 질문 등 샛길 자료를 추가했다. 빨간 머리 앤이 마음을 촉촉하게 적셔내는 말들을 음미하며 인생을 아름답게 살아가는 비결들을 하나씩 발견하는 여정이 기대된다.

작품은 크게 네 파트로 나누었다. 11살 소녀인 앤의 꿈이 하나씩 이루어지는 과정을 함께 걷다 보니 삶에 중요한 요체들이 보인다. 마음의 쉼터가 되어주는 '가족', 따뜻하게 곁을 지켜주는

'친구', 성장이 깃든 '추억', 그리고 이 모든 것을 아우르는 '삶에 대한 사랑'이다. '파밀리아(Familia)' — '아미커스(Amicus)' — '메모리아(Memoria)' — '아모르파티(Amor fati)' 라는 라틴어 타이틀을 붙였다. 인생을 든든하게 받쳐줄 가족이라는 기반 위에, 삶을 흔들림 없이 지탱해줄 친구라는 기둥을 세우고, 실수를 뚫고 성장의 새 살이 돋아난 추억과 함께, 삶에 대한 사랑이라는 운명애를 큰 폭으로 두를 수 있기까지 우리의 인생은 점차 확장되어 간다.

불완전한 세상에서 모든 게 완벽하기를 바랄 수 없다는 앤의 말처럼, 온전하진 않아도 좀 더 나은 나를 만나는 여정을 출발하려 한다. 나만의 보폭에 따른 하루 10분의 필사를 거쳐 100일이 지난 즈음, 빨간 머리 앤과 함께 마음의 알맹이들이 단단하게 가득 채워지면 좋겠다.

* 원문은 Puffin Books의 《Anne of Green Gables》에서 발췌하였으며, 원문의 큰따옴표 작은따옴표 등의 문장 부호는 현대식 사용법과 약간의 차이가 있습니다. 18쪽에 문장 부호에 관한 내용을 정리하였으니, 참고하시면 좋습니다.

CONTENTS

Part 002 ···

아미커스(Amicus) : 따뜻한 곁이 되어주는 벗

Part 003

메모리아(Memoria) : 성장으로 영글어가는 추억

아모르파티(Amor fati) : 운명에 대한 사랑

필사, 이렇게 하세요

요즘 영어뿐만 아니라 모국어 필사의 인기도 높습니다. 그 효용성 때문이지요. 책 《단단한 영어 공부》를 보면, 영어 필사는 문장부호, 단어, 문법 세 가지 영역의 집중 인지를 돕는다고 합니다. 옮겨 적지 않았으면 무심코 지나쳐버릴 수 있는 문장부호의 쓰임을 익힐 수 있고, 읽기만 했을 때 지나쳐버릴 개별 단어에 주목하며 연어(collocation, 連語) 및 구동사(phrasal verbs)를 기억할 수 있습니다. 또한 정확히 베껴 쓰다 보면 평소에는 눈에 띄지 않던 관사, 수일치, 분사 등의 문법 요소와 다양한 문장 구조에 노출됩니다. 필사는 문장부호, 단어, 문법을 새어나가지 않게 꼼꼼하게 걸러주는 그물망이 됩니다.

여기서 중요한 것은 형식적인 날림 쓰기가 아니라 또박또박, 꾹꾹 눌러쓰는 정성입니다. '눈으로 읽기→ 문장 쓰기→ 소리 내어 읽기'라는 3단계 과정을 거쳐 생각의 흔적까지 남긴다면 곱씹음과 사유까지 챙겨갈 수 있습니다.

필사를 다음과 같이 차근차근 단계적으로 밟아가 보세요. 세 번째 항목을 중심으로 앞뒤 단계를 융통성 있게 선택하시면 됩니다. 전 단계를 온전히 통과하게 되면 텍스트의 깊은 진액을 맛볼 수 있습니다.

1. 텍스트를 눈으로 읽으며 생소한 어휘, 어려운 문장 구조, 여운이 남는 구절 등에 밑줄을 긋는다.
2. 검색과 탐색의 시간을 투입한다.
3. 맴도는 여운에 잠겨 묵독한 텍스트를 또박또박 종이에 옮겨 쓰는 아날로그적 과정을 거친다.
4. 소리 내어 한 글자 한 글자 또박또박 끊어 읽는 성독(聲讀)을 한다. 행간의 숨은 뜻까지 읽어내려는 정성이다.
5. 새롭게 획득한 삶의 지혜, 마음에 떠오르는 질문과 생각을 그냥 지나치지 않고 자유롭게 사유의 샛길로 빠진다. 생각의 흔적을 글로 남기면 내 삶의 기록이 된다.
6. 한글 번역을 영어로 옮겨보며 영작 연습을 한다. 영어 실력은 덤이다. 피카소는 "훌륭한 예술가는 모방을 하고 위대한 예술가는 훔친다"고 말했다. 좋은 영어 문장들을 훔쳐내어 반복 연습하면 영어 실력은 당연히 향상된다.

"You know what's weird?
Day by day. Nothing seems to change.
But pretty soon... everything's different."

"이상한 게 있는데 뭔 줄 알아?
매일 매일 아무것도 바뀌지 않는 것 같은데
곧 모든 것이 바뀌더라고."

— Bill Watterson의 〈A Calvin and Hobbes Collection〉 중

필사도 근육입니다. 단련이 필요하죠. 축적된 시간의 힘은 바로 '매일'에서 나옵니다. 너무 쉬운 말처럼 들리시나요?
맞습니다. 어떤 일을 '매일' 하는 것은 모두가 할 수 있지만 아무나 할 수 없으니까요. 매일 하루 10분 필사를 통해 100일 후, 종이의 여백이 꽉 채워지듯 나의 생각과 영어 실력이 채워지는 모습을 그려보세요.
행복한 상상과 함께 영어 필사의 여정, 이제 출발해볼까요?

문장부호(punctuation), 이렇게 이해하세요

1. 콤마

, comma	여러 가지 요소를 나열할 때, 동격을 표기할 때, 문장 중간에 단어를 삽입할 때, 관계대명사의 계속적 용법을 나타낼 때, 인용구 내의 마침표로 사용할 수 있음.
나열	My brother asked for chocolate, fruit juice, energy bar and candy.
동격	This lady, my mother, wants to say hello to you.
삽입	The problem, however, is much more complicated than we expected.
관·대	He has a daughter, who is studying abroad.
마침표	"We do not know that," said the king.

2. 콜론

: colon	설명을 덧붙이거나, 예시를 열거할 때, 인용구 앞에서, 소제목을 붙일 때 등 부연 설명을 하는 기능. 명사, 구, 절, 문장 모두를 동반할 수 있음.
설명	Love is blind: Sometimes it keeps us from seeing the truth.
예시	She bought three things: milk, bread and eggs.
인용	Jessie said: "I wish you a merry Christmas."
소제목	Demian: The story of Emil Sinclair's Youth

3. 세미콜론

; semi-colon	문장과 문장을 이어주는 접속의 기능을 가지며 문맥에 맞게 뒷문장을 and, but, or, so, for의 의미를 넣어 해석하며 명확한 의미 전달을 위해 접속부사를 추가하기도 함. 쉼표가 포함된 구의 과한 콤마 사용을 피하려고 나열되는 요소 사이에 사용함.
접속	I went grocery shopping today; I bought different kinds of fruit.
접속부사	I didn't finish reading the book; instead, I watched TV.
나열	They have stores in four cities: San Francisco, California; Austin, Texas; Las Vegas, Nevada.

4. 줄표

— dash	반전이 있는 부연 설명 시, 내용을 강조할 때, 콤마를 여러 개 포함한 어구를 삽입하여 예시를 들거나 동격을 표현할 때, 중단이나 급변화를 나타낼 때 사용. 원칙상 대시 양쪽으로 띄어쓰기 하지 않으나 가독성을 높이기 위해 띄우기도 함.
부연	You may think she is smart—she is not.
강조	We enjoyed hot coffee—very hot coffee—at lunch.
예시	Some vegetables—cabbage, broccoli and kale—are associated with a lower cancer risk.
동격(강조)	I went to the store—the one on Main Street—to buy some groceries.
중단·변화	I—I don't know a lot about the plan. But the plan—well, it didn't work out well.

5. 하이픈

- hypen	대시보다 짧은 줄이며 여러 개의 단어를 연결하여 한 단어로 만들어 줄 때, 페이지의 여백이 부족해서 맨 끝의 단어가 완결되지 않은 채로 다음 줄로 넘어갈 때 연결 단어임을 표기하기 위해 사용함.
연결	well-known, mother-in-law, post-1980(접두사 연결), a three-year-old boy(단어 연결 후, 명사 수식 형용사 변환)
줄바꿈	I went to a department store to buy some winter clothing to we-ar, and suddenly ran into an old friend of mine.

6. 따옴표

" " (double quotation mark)	직접 인용문을 담을 때 사용. e.g. He said, "Practice makes perfect."	※ 시대에 따라 큰따옴표와 작은따옴표의 역할이 반대로 사용되기도 함.
' ' (single quotation mark)	인용문 내에 또다른 인용이 들어갈 때 사용. e.g. My sister said, "My favorite part of the film was when he said, 'I know there is good in you.'"	
	인용문 내에 제목이나 문구를 표기할 때 사용. e.g. "'The little prince' is my favorite novel," he said.	

모두에게 당연한 듯하지만
누군가에겐 사무치게 그립다.
혈연이든 비혈연이든 마음을 비빌 언덕,
바로 '가족'의 따스한 품이다.

어떤 모습을 보여도 끊어내지 않고
끝없이 흘려보내는 정서적 지지와 돌봄은
삶을 깨뜨리지 않고 견인해주는
가족의 힘이다.

인생이라는 희로애락의 변주 속에서
때론 엇박으로 리듬을 이탈할 때면
단단하게 찍어주는 쉼표 덕분에
박자와 음률을 맞출 수 있는 여지가 생긴다.
쉼이 있는 울타리인 가족,
그저 사랑으로 버텨주는 이 넉넉한 쉼터는
주어지는 것이 아니라 지켜지는 것이다.

매튜가 앤을 지켜냈듯이
앤이 마릴라를 지켜내는 이 운명적인 연대는
생의 흔들림을 꽉 잡아주는 묵직한 안정압(安定壓)이다.

PART 001

파밀리아(Familia)

단단한 쉼표가
되어주는 가족

Part 001 : Story

태어난 지 석 달 만에 열병으로 부모를 모두 잃은 앤은 11살이 될 때까지 여기저기를 떠돌다가 결국 고아원으로 보내진다. 8년간은 토마스 부인과, 2년간은 해먼드 부인과 함께 살았지만 각 가정에서 네 명, 여덟 명의 아이들을 돌보는 힘겨운 육아 노동을 감내해야 했다. 안타깝게도 그 끝은 고아원 행이었다. 버려지는 아픔을 겪은 앤은 넉 달 동안 고아원 생활을 하던 중 스펜서 부인의 중개로 입양 제안을 받는다. 농장 일손을 도울 남자아이를 입양할 계획이었던 매튜와 마릴라는 중간 전달자의 착오로 앤과 만난다. 가족이 생긴다는 설렘을 가득 안은 앤, 첫눈에 앤에게 연민을 느끼고 끌리는 매튜와 달리 마릴라는 앤을 되돌려 보내려는 완고함을 보인다. 하지만 중개인이었던 스펜서 부인의 집으로 앤을 데려다주는 길에 고아가 된 아이의 과거 이야기를 들으면서 마음이 흔들린다. 결국, 독실한 믿음으로 인생에 자기 몫의 수고를 감당할 때가 왔다며 앤을 가족으로 받아들이기로 마음을 바꾼다.

상상의 소녀 앤과 매튜의 첫 만남

I am very glad to see you. I was beginning to be afraid you weren't coming for me and I was imagining all the things that might have happened to prevent you. I had made up my mind that if you didn't come for me tonight I'd go down the track to that big wild cherry-tree at the bend, and climb up into it to stay all night. I wouldn't be a bit afraid, and it would be lovely to sleep in a wild cherry-tree all white with bloom in the moonshine. You could imagine you were dwelling in marble halls. And I was quite sure you would come for me in the morning, if you didn't tonight.

만나서 정말 반가워요. 절 데리러오지 않으시는 줄 알고 겁이 나서 무슨 일이 일어났을지 온갖 상상을 하고 있었어요. 절 데리러오지 않으시면 저 길 모퉁이에 있는 커다란 벚나무에 올라가서 밤을 보내기로 마음먹었어요. 그러면 하나도 무섭지 않을 테고, 하얗게 꽃핀 벚나무 위에서 달빛을 받으며 잠을 자는 것도 멋있을 것 같아서요. 대리석 궁전에 살고 있다고 상상할 수도 있고요. 오늘 밤에 못 오시면 아침에는 데리러올 거라고 믿었어요.

prevent 막다, 방해하다   make up one's mind 결심하다   track 길   bend 굽이, 모퉁이
bloom 만개   moonshine 달빛   dwell in ~에서 살다   marble 대리석

Q. 누군가를 오래도록 기다렸다가 만난 기쁨을 떠올려볼까요?

○ 삶은 기다림이다. 이해할 수 없는 순간들 앞에서 감정을 소모하기보다 잠잠이 기다리며 걸어가는 것이 순리일 때가 많다. 힘든 인생길에서 희망을 품고 평생을 기다려왔던 앤에게 몇 시간, 혹은 하루쯤의 기다림은 그리 긴 시간이 아닐 수 있다. 오지 않을 것 같았던 실제를 마주하기 직전, 마음의 준비가 필요했으리라. 꿈과 현실의 간극을 메꾸며 달빛 속에서 밤을 지새우려고 했던 상상력은 어쩌면 이상과 현실의 괴리로 인한 충격으로부터 앤을 보호해주는 완충제일지도 모른다.

Day 2

가족을 갖게 되는 설렘

Oh, it seems so wonderful that I'm going to live with you and belong to you. I've never belonged to anybody — not really. But the asylum was the worst. I've only been in it four months, but that was enough. I don't suppose you ever were an orphan in an asylum, so you can't possibly understand what it is like. They were good, you know — the asylum people. But there is so little scope for the imagination in an asylum.

● 부록 참조 (242p 〈가계도〉)

오, 제가 아저씨의 가족이 된다는 건 정말 멋진 일 같아요. 전 정말 누구의 가족도 되어본 적이 없거든요. 고아원은 최악이었어요. 4개월밖에 지내지 않았지만 그걸로 충분해요. 아저씨는 고아원에서 고아로 지내본 적이 없어서 그곳이 어떤 곳인지 모르실 거예요. 사람들은 좋았어요. 그러니까 고아원 사람들요. 하지만 그곳은 상상할 영역이 없어요.

belong to ~에 속하다　asylum 고아원, 정신병원, 망명　possibly 아마　scope 영역

26

Q. 나에게 가족이란 어떤 의미인가요?

Day 3

상상이 현실이 되는 기쁨

When you are imagining you might as well imagine something worthwhile. I felt cheered up right away and I enjoyed my trip to the Island with all my might. Oh, there are a lot more cherry-trees all in bloom! This Prince Edward Island is the bloomiest place. I just love it already, and I'm so glad I'm going to live here. I've always heard that Prince Edward Island was the prettiest place in the world, and I used to imagine I was living here, but I never really expected I would. It's delightful when your imaginations come true, isn't it?

상상할 땐 진짜 좋은 걸 상상하는 게 좋아요. 바로 기분이 좋아져서 이 섬까지 오는 길이 정말 즐거웠어요. 아, 벚꽃이 활짝 피었네요! 이곳 프린스 에드워드 섬은 활짝 핀 꽃으로 가득한 곳이네요. 전 이미 여기가 마음에 드는데 여기서 살게 되다니 너무 기뻐요. 프린스 에드워드 섬이 세계에서 가장 아름다운 곳이라는 말을 항상 들어왔어요. 이곳에 살고 있다고 상상하곤 했지만 실제로 그렇게 될 것이라고는 기대도 안 했어요. 상상이 현실로 이루어지는 건 정말 기분 좋은 일 아닌가요?

might as well ~하는 게 좋다   with all one's might 전심을 다해   delightful 정말 기분 좋은

28

Q. 오랜 기대가 현실이 되는 기쁨의 경험이 있으신가요?

○ **프린스 에드워드 섬** 캐나다 남동부, 대서양 연안에 위치한 섬으로 작가 루시 모드 몽고메리
가 태어나고 자란 곳이다. 제주도의 3배 정도 크기인 프린스 에드워드 아일랜드 주(Providence of
Prince Edward Island)에 속해 있으며 이 주는 캐나다에서 가장 면적이 작고 인구가 적으며 주도는
샬럿타운이다. 샬럿타운에서 39킬로미터 떨어져 있는 마을 캐번디시(에이번리의 모델 도시)에는
그린게이블스가 재현되어 있어 전 세계 관광객들로 북적인다. 그린게이블스는 실제 몽고메리 외
할아버지의 사촌이 살던 곳으로 작가가 어린 시절 많은 시간을 보냈으며 작품 속 초록색 지붕 집의
모델이 되었다.

Day 4

알아갈 것이 많은 멋진 세상

'How are you going to find out about things if you don't ask questions? And what does make the roads red?'

'Well now, I **dunno**,' said Matthew.

'Well, that is one of the things to find out some time. Isn't it splendid to think of all the things there are to find out about? It just makes me feel glad to be alive — it's such an interesting world. It wouldn't be half so interesting if we knew all about everything, would it? There'd be no scope for imagination then, would it?'

● 부록 참조 (243p 〈비격식 구어체〉)

"물어보지 않으면 어떻게 알 수 있겠어요? 근데 길이 왜 빨간 거죠?"
"저기, 나도 잘 모르겠다." 매튜가 말했다.
"음, 그걸 곧 알아봐야겠네요. 알아내야 할 게 많다고 생각하면 정말 짜릿하지 않나요? 살아있다는 사실이 기뻐요. 세상은 정말 흥미로우니까요. 모든 걸 다 안다면 절반도 흥미롭지 않을 거예요. 상상할 것도 없고요, 안 그래요?"

splendid 아주 멋진   there'd there would(there had)의 단축형

Q. 다 알지는 못 하지만 흥미를 주는 세계(분야)가 있나요?

○ 매튜와 앤이 마차를 타고 가던 길의 흙이 빨간 것은 산화철에 의한 것으로, 주로 열대지방에 많은 것으로 알려져 있다. 캐나다에 있을 수 없는 붉은 땅의 비밀은 대륙이동설과 관련이 있다고 한다. 4억 년 전, 프린스 에드워드 섬은 남반구 적도에 가까이 있었고 이때 열대의 토양이 그대로 퇴적된 것이다.

거창한 생각은 거창한 말로

'You talk as much as you like. I don't mind,' Matthew said as shyly as usual. / 'I'm so glad. It's such a relief to talk when one wants to. People laugh at me because I use big words. But if you have big ideas you have to use big words to express them, haven't you?'

'Well now, that seems reasonable,' said Matthew.

'It's always been one of my dreams to live near a brook. I never expected I would, though. Dreams don't often come true, do they? Wouldn't it be nice if they did? But just now I feel pretty nearly perfectly happy. I can't feel exactly perfectly happy because of my red hair. I cannot imagine that red hair away.'

"원하는 만큼 말하렴. 난 상관없어." 매튜가 늘 그렇듯 수줍게 말했다.

"정말 기뻐요. 말하고 싶을 때 말하는 게 얼마나 다행인 줄 몰라요. 사람들은 제가 거창한 말을 사용한다고 비웃어요. 하지만 거창한 생각을 하면 말도 거창할 수밖에 없지 않나요?"

"저기, 그런 것 같구나." 매튜가 말했다.

"언제나 냇가 근처에 사는 것을 꿈꿨어요. 정말 그렇게 될 거라 기대하지 않았지만요. 꿈은 잘 실현되지 않잖아요. 꿈이 실현되는 건 너무 멋진 일 아닌가요? 하지만 지금 전 거의 완벽하게 행복해요. 아주 완벽하게 행복하지 않은 건 저의 빨간 머리 때문이에요. 빨간 머리는 상상으로도 없앨 수 없어요."

as much as 주어 + 동사 : 〈주어〉가 〈동사〉하는 만큼   relief 안심, 다행
reasonable 합리적인   brook 개울

○ 서양에서 빨간 머리는 부정적인 의미를 가진다. 기독교인들은 가롯 유다의 머리색이 악마와 같은 빨간색이었기에 빨간 머리를 악과 배신의 상징으로 여겼다. 빨간 머리는 켈트족을 가리키기도 한다. 과거에 가난했던 아일랜드 켈트족들은 굶어 죽지 않기 위해 미국이나 캐나다로 이민을 떠나야 했다. 자연스레 빨간 머리는 가난한 촌뜨기라는 인종 차별 의식과 맞물린다. 빨간 머리에 주근깨를 가진 백인을 진저(ginger: 생강)라고 부르는 것 역시 비하 발언이다. 금발과 파란 눈이 짝꿍인 것처럼 빨간 머리는 녹색 눈을 연상시키는데, 실제 빨간 머리, 주근깨, 녹안은 어느 정도 유전적으로 연관되어 있다는 설이 있다.

장소에 이름을 지어 부르는 앤의 상상력

'Well now, the **Avenue** is a kind of pretty place.'

'Pretty? Oh, *pretty* doesn't seem the right word to use. Nor beautiful, either. Oh, it was wonderful. It's the first thing I ever saw that couldn't be improved upon by imagination. It made a queer funny ache and yet it was a pleasant ache. They shouldn't call that lovely place the Avenue. They should call it — let me see the White Way of Delight. Isn't that a nice imaginative name? When I don't like the name of a place or a person I always imagine a new one and always think of them so.'

● 부록 참조 (243p 〈단어 정리〉)

"저기, 가로수길은 예쁜 곳이지."

"예쁘다고요? 단지 예쁘다는 말로는 부족해요. 아름답다는 말도 안 돼요. 음, 그곳은 환상적이에요. 상상으로 더 훌륭하게 만들 수 없는 곳은 처음 봤어요. 가슴이 이상하게도 아픈데 기분 좋게 아파요. 저 아름다운 곳을 가로수길이라 부르면 안 돼요. 제 생각엔, '기쁨의 하얀 길'이라고 불러야 해요. 상상력 넘치는 이름이지 않나요? 저는 장소나 사람의 이름이 마음에 들지 않으면 항상 새로운 이름을 상상해서 부르고 그렇게 생각해요."

ache 고통   delight 기쁨   imaginative 상상력이 풍부한

Q. 나의 별명은 무엇이었나요? 마음에 들었던 별명과 그 이유는?

좋아할 것이 많은 세상

Isn't it splendid there are so many things to like in this world? There, we're over. Now I'll look back. Good night, dear Lake of Shining Waters. I always say good night to the things I love, just as I would to people. I think they like it. That water looks as if it was smiling at me.

이 세상에 좋아할 게 많다는 건 너무 멋진 일 아닌가요? 와, 다 건넜어요. 이제 뒤로 돌아볼 게요. 잘 자, 영롱한 물빛호수야. 저는 사람들에게 하는 것처럼 제가 좋아하는 것들에게 항상 잘 자라고 인사를 해요. 제 생각에 그것들도 좋아하는 것 같거든요. 저 호수가 저에게 미소를 짓고 있는 것 같아요.

○ 앤이 사랑했던 많은 장소 중에 가장 베스트는 바로 그린게이블스다. 앤이 매튜, 마릴라와 함께 살았던 초록색 지붕 집은 매튜의 사망 후, 앤이 미래 계획을 변경하면서까지 끝까지 지켜내려 했던 곳이다. "전 희생하는 게 아니에요. 그린게이블스를 포기하는 것보다 나쁜 건 없어요. 저한테 그보다 더 큰 상처는 없거든요." 그린게이블스의 'gable'은 엄밀히 말하면 지붕이 아닌, '박공'으로 양쪽 면이 경사진 지붕 바로 밑의 삼각형 모양의 다락방 공간을 의미한다. 앤의 방은 '동쪽 다락방(east gable)'이었다. 공간은 넓지 않아도 동쪽에서 떠오르는 아침 햇살을 받으며 눈을 뜨고, 높은 곳에서 아래의 아름다운 풍경을 내려다보며 상상의 나래를 편 최적의 공간이었다.

인생에 가장 큰 비극

'You don't want me because I'm not a boy! I **might have expected** it. Nobody ever did want me. I might have known it was all too beautiful to last. I might have known nobody really did want me. Oh, what shall I do? I'm going to burst into tears!' Burst into tears Anne did.

'Well, well, there's no need to cry so about it,' said Marilla.

'Yes, there is need! You would cry, too, if you were an orphan and had come to a place you thought was going to be home and found that they didn't want you because you weren't a boy. Oh, this is the most tragical thing that ever happened to me!'

● 부록 참조 (243p 〈조동사 과거형 + have p.p.〉)

"제가 남자아이가 아니기 때문에 필요없다구요! 저도 불안했어요. 지금까지 아무도 절 원하지 않았으니까요. 이렇게 멋진 일이 일어날 리 없다는 걸 알았다구요. 아무도 저를 원하지 않을 거라는 느낌이요. 아, 전 어떻게 해야 할까요? 눈물이 터질 것 같아요!" 앤은 울음을 터뜨렸다.
"뭐, 뭐 그렇게 울 필요는 없어." 마릴라가 말했다.
"아뇨, 울어야 해요! 누구라도 울 거예요. 고아로 살다가 집이 생길 거라고 생각했는데 남자아이가 아니라 원치 않는다는 것을 알게 되면 말이죠. 아, 이건 제 일생에 일어난 가장 큰 비극이에요!"

might have known ~을 예상했었다   burst into tears 눈물이 터지다
tragical(=tragic) 비극적인

Q. 실망 혹은 절망감으로 우울할 때 나만의 극복법이 있나요?

끝에 e를 붙여 특별해진 이름, Anne

'Well, don't cry any more. We're not going to turn you out of doors tonight. What's your name?' asked Marilla.

'Anne Shirley. But if you call me Anne, please call me Anne spelled with an e.'

'What difference does it make how it's spelled?' asked Marilla with a rusty smile as she picked teapot.

'Oh, it makes such a difference. It looks so much nicer. When you hear a name pronounced can't you always see it in your mind, just as if it was printed out? I can; and A-N-N looks dreadful, but A-N-N-E looks so much more distinguished.'

"어쨌든, 그만 울어라. 오늘 밤은 널 집 밖으로 내보내진 않을 테니까. 이름이 뭐니?" 마릴라가 물었다.
"앤 셜리예요. 하지만 저를 앤이라고 부르시려면 철자 끝에 e를 넣은 앤으로 불러주세요."
"철자가 무슨 상관이 있니?" 마릴라가 찻주전자를 집어 들고 애써 웃음 지으며 물었다.
"아, 아주 큰 차이가 있어요. e가 들어간 이름이 훨씬 예뻐 보여요. 누가 이름을 부르면 마치 종이에 인쇄된 것처럼 그 글자가 항상 머릿속에 떠오르지 않나요? 전 그럴 수 있거든요. A-N-N은 별로인데 A-N-N-E는 훨씬 더 기품 있어 보여요."

rusty 녹이 슨, 색이 바랜   teapot 찻주전자   pronounce 발음하다
dreadful 끔찍한, 좋지 않은   distinguished 유명한, 기품 있는

Q. 나의 이름에는 어떤 뜻이 담겨 있나요? 특별함이 있다면?

❍ 앤이 굳이 자신의 이름 끝에 e를 붙이려고 하는 데는 이유가 있다. 아버지가 옛 영국 여왕의 이름과 똑같은 철자로 'Anne'이라는 이름을 지어주었고 어머니도 딸에게 잘 어울린다고 기뻐했다는 이야기를 들었기 때문이다. 기억 속에 남아 있지는 않지만 앤은 부모에 대한 그리움과 존중의 마음을 간직하고 있다. 남들에겐 유별남일 수 있지만 누군가에겐 아픔일 수 있다. 이름이 제대로 불려지기 바라며 정체성을 곱씹는 앤과 같이 내 이름을 더욱 사랑해주는 건 어떨까?

Day 10

앤을 돌려보내고 싶지 않은 매튜

'Well now, she's a real nice little thing, Marilla. It's kind of a pity to send her back when she's so set on staying here.'

'We could hardly be expected to keep her. What good would she be to us?'

'We might be some good to her,' said Matthew suddenly and unexpectedly.

'Matthew Cuthbert, I believe that child has bewitched you! I can see **as plain as plain** that you want to keep her.' / 'I could hire French boy to help me,' said Matthew, 'and she'd be company for you.'

'I'm not suffering for company,' said Marilla shortly. 'And I'm not going to keep her.'

● 부록 참조 (244p 〈구문 분석〉)

"저기, 저 아이는 정말 착해 보여, 마릴라. 아이가 저렇게 이곳 생활을 기대하며 왔는데 다시 돌려보내면 마음이 참 아플 거야."
"우리가 저 아이를 키운다는 생각은 할 수 없어. 저 애가 우리에게 무슨 도움을 주겠어?"
"우리가 아이에게 도움이 되겠지." 매튜는 갑작스레 예상치 못한 말을 했다.
"매튜 커스버트, 이제 보니 그 아이가 오빠를 홀렸네! 저 아이를 키우고 싶은 마음이 너무나 분명하게 보이네." / "농장 일을 도와줄 프랑스 일꾼을 고용하면 돼. 그리고 저 아이는 너의 말동무가 될 수 있잖아." 매튜가 말했다.
"난 말동무가 필요 없고 저 애를 키우지도 않을 거야." 마릴라가 잘라 말했다.

42 pity 연민, 동정　be set on ~을 몹시 원하다　unexpectedly 기대치 않게
bewitch 넋을 빼다, 홀리다　plain 분명한　company 친구　suffer for ~ 때문에 고민하다

Q. 인생에 홀리듯 매력을 느꼈던 사람이 있었나요? 어떤 점 때문에 그랬나요?

상상의 영역

It was broad daylight when Anne awoke. For a moment she could not remember where she was. First came a delightful thrill, as of something very pleasant; then a horrible remembrance. This was Green Gables and they didn't want her because she wasn't a boy! But it was morning and, yes, it was a cherry-tree in full bloom outside of her window. Anne dropped her knees and gazed out into the June morning, her eyes **glistening** with delight. Oh, wasn't it beautiful? Wasn't it a lovely place? Suppose she wasn't really going to stay here! She would imagine she was. There was scope for imagination here.

● 부록 참조 (245p 〈단어 정리〉)

앤이 깨어났을 때는 환한 대낮이었다. 잠시 동안 앤은 자신이 어디에 있는지 몰라 어리둥 절했다. 처음에는 기분 좋은 떨림, 아주 즐거운 느낌이 들었지만, 곧이어 끔찍한 기억이 떠올랐다. 이곳은 그린게이블스였고, 이곳 사람들은 자신이 남자아이가 아니라는 이유로 원치 않았다! 그래도 그날은 아침이었고 창밖으로 벚꽃이 만발해 있었다. 앤은 무릎을 꿇 고 기쁨으로 눈을 반짝이며 6월의 아침을 바라보았다. 아, 정말 아름답고 멋진 곳이 아닌 가? 여기서 정말 살 수는 없겠지만 산다고 상상해볼 수는 있었다. 여기도 상상의 영역이 있었다.

broad daylight 대낮   delightful 기분 좋은   remembrance 기억   gaze 응시하다
glisten 반짝이다

Q. 현실을 잊고 싶을 땐 어떤 상상을 자주 하나요?

Day 12

상상을 그만둘 때의 아픔

I'm not in the depths of despair this morning. I never can be in the morning. Isn't it a splendid thing that there are mornings? But I feel very sad. I've just been imagining that it was really me you wanted after all and that I **was to** stay here for ever and ever. It was a great comfort while it lasted. But the worst of imagining things is that the time comes when you have to stop, and that hurts.

● 부록 참조 (246p 〈be to 부정사〉)

오늘 아침에는 절망의 늪에 빠지지 않았어요. 아침엔 그럴 수 없거든요. 세상에 아침이 있다는 건 정말 멋진 일 아닌가요? 하지만 그러면서도 너무 슬퍼요. 두 분이 결국은 저를 원했고 제가 영원히 여기에서 사는 것을 상상했어요. 상상하는 동안은 정말 기분이 좋았어요. 하지만 상상의 가장 나쁜 점은 상상을 그만둘 때 마음이 아프다는 거예요.

depth 깊이   despair 절망   after all 결국   comfort 위안, 평안

Q. 요즘 들어 가장 많이 하는 생각은 무엇인가요?

마음먹은 만큼 현재를 즐길 수 있다

I've made up my mind to enjoy this drive. It's been my experience that you can **nearly** always enjoy things if you make up your mind firmly that you will. Of course, you must make it up firmly. I am not going to think about going back to the asylum while we're having our drive. I'm just going to think about the drive.

● 부록 참조 (247p 〈단어 정리〉)

저는 이 길을 즐기기로 마음 먹었어요. 제 경험에 따르면, 마음을 굳게 먹기만 하면 어떤 일도 즐길 수 있거든요. 물론 마음을 진짜 굳게 먹어야 해요. 이 길을 가는 동안 고아원으로 돌아가는 생각은 하지 않을 거예요. 그냥 이 길만 생각하려고요.

make up one's mind 결심하다   firmly 굳게, 단단히

Q. 즐기기로 마음먹은 것이 있나요?

고아가 된 앤의 과거 이야기

'I was eleven last March. I was born in Bolingbroke, Nova Scotia. My father's name was Walter Shirley, and he was a teacher. My mother's name was Bertha Shirley. I'm so glad my parents had nice names. It would be a real disgrace to have a father named — well, say Jedediah, wouldn't it?'

'I guess it doesn't matter what a person's name is as long as he behaves himself,' said Marilla.

'My mother was a teacher, too. She died when I was just three months old. I do wish she'd lived long enough for me to remember calling her mother. I think it would be so sweet to say "Mother", don't you? And Father died four days afterwards from fever, too. That left me an orphan. Nobody wanted me even then.'

"저는 지난 3월에 열한 살이 되었어요. 노바스코샤주 볼링브로크에서 태어났고요. 아버지 이름은 월터 셜리이고 선생님이셨어요. 어머니 이름은 버사 셜리였어요. 부모님의 이름이 다 예뻐서 좋아요. 아버지의 이름이 예를 들어 제디다이아였다면 정말 속상했을 거예요, 안 그런가요?"
"품행이 바르면 이름은 중요하지 않아." 마릴라가 말했다.
"어머니도 선생님이셨어요. 제가 태어난 지 석 달밖에 안 되었을 때 돌아가셨고요. 제가 엄마라고 부르는 걸 기억할 때까지 오래 사셨더라면 좋았을 텐데요. '엄마'라는 말은 너무 다정한 것 같지 않나요? 그리고 아버지도 나흘 뒤 열병으로 돌아가셨어요. 전 고아가 되었어요. 그때도 저를 원하는 사람은 아무도 없었어요."

disgrace 수치, 불명예   behave oneself 행동을 바르게 하다   afterwards 후에   fever 열

Q. 가장 기억에 남는 어린 시절의 역사는 무엇인가요?

○ 볼링브로크는 소설에서 만들어낸 지명이다. 노바스코샤는 실재하는 캐나다 동부 대서양 연안의 주로, 프린스 에드워드 아일랜드 남쪽에 위치해 있다. '새로운 스코틀랜드'라는 이름의 의미답게 스코틀랜드의 문화가 강하게 남아 있는 곳으로 캐나다의 13개 행정구역 중의 하나이며 핼리팩스가 주도이다. 노바스코샤의 총면적은 남한의 반 정도로 섬 하나로만 이루어진 프린스 에드워드 아일랜드 주를 제외하면 캐나다 본토 내에서 가장 작은 주이다.

앤을 불쌍히 여기게 된 마릴라

Anne finished up with another sigh. Evidently she did not like talking about her experiences in a world that had not wanted her. Pity was suddenly stirring in Marilla's heart for the child. What a starved, unloved life she had had — a life of drudgery and poverty and neglect. No wonder she had been so delighted at the prospect of a real home. It was a pity she had to be sent back. What if Marilla should indulge Matthew's unaccountable whim and let her stay? The child seemed a nice, teachable little thing.

앤은 이야기를 마치며 또 한숨을 쉬었다. 분명히 세상에서 버림받은 이야기는 별로 하고 싶어 하지 않았던 것이다. 마릴라의 마음에 불쑥 앤에 대한 동정심이 일었다. 몹시 굶주리고 사랑받지 못한 인생, 중노동과 빈곤과 방치된 삶을 살았을 것이다. 아이가 진짜 집을 고대하며 그토록 기뻐했던 것도 당연했다. 다시 고아원으로 돌려보내는 것이 불쌍했다. 만일 마릴라가 매튜의 설명할 수 없는 변덕을 받아주고 아이를 키운다면 어떨까? 그 아이는 착하고 가르칠 만한 아이 같았다.

evidently 분명히   stir 휘젓다   starve 굶주리다   drudgery 고역
poverty 궁핍, 빈궁   neglect 방치, 소홀   at the prospect of ~할지도 모른다고 기대하며
indulge ~의 욕구를 채우다, ~가 제멋대로 하게 하다
unaccountable 설명할 수 없는   whim 기분, 변덕

Q. 나만의 아픔이나 실패의 극복기를 떠올려 볼까요?

○ 《빨간 머리 앤》소설에는 작가의 삶이 투영되어 있다. 두 살 때 어머니를 폐결핵으로 여의고 일곱 살 때부터 프린스 에드워드 섬의 캐번디시에 살고 있던 외조부의 손에서 자랐던 경험은 그녀의 작품 속에 많은 고아들을 탄생시켰다. 외할아버지와 외할머니는 소설 속 매튜와 마릴라의 모델이 되었을 법하다. 작가가 실제 글쓰기를 좋아해서 이야기 클럽을 만들었던 점(앤의 학교 생활), 교사였던 점(앤의 직업), 외할머니를 돌보기 위해 일을 포기했던 점(마릴라를 위해 대학 포기), 자주 방문했던 농장(그린게이블스의 모델) 등 성장기의 모든 세월이 작품의 재료가 되었다.
《빨간 머리 앤》의 원고는 출판사로부터 다섯 번이나 거절당해 바로 세상의 빛을 보지는 못했으나 여섯 번째 투고 끝에 결국 세계적인 작가로 명성을 얻게 되었다.

역설적인 신의 뜻

'Can we send the child back? I suppose they'll take her back, won't they?' said Marilla.

'I don't think it will be necessary to send her back. Mrs Peter Blewett was up here yesterday, and she was saying to me how much she wished she'd sent by me for a little girl to help her. Anne will be the very girl for her. I call it positively providential.'

Marilla had heard of her. 'A terrible worker and driver,' Mrs Peter was said to be. She felt a qualm of conscience at the thought of handing Anne over to her tender mercies.

"아이를 다시 고아원으로 보낼 수 있을까요? 다시 받아줄 것 같은데, 안 그래요?" 마릴라가 말했다.

"아이를 돌려보낼 필요가 없을 것 같아요. 어제 피터 블루웨트 부인이 여기에 오셨는데, 자신을 도와줄 어린 소녀를 부탁할 걸 그랬다고 하더라고요. 앤이 그 집에 딱 맞겠어요. 분명 신의 뜻이네요."

마릴라는 블루웨트 부인에 대해 들어본 적이 있었다. 사람들은 그녀를 '끔찍한 일꾼이자 혹사꾼'이라고 했다. 앤을 그런 학대자에게 넘긴다고 생각하니 양심의 가책이 느껴졌다.

---

positively 긍정적으로   providential 신의 섭리인   qualm 꺼림직함
conscience 양심, 가책   to tender mercy 보호 없이 내맡기는

Q. 내 인생에 신의 섭리라고 생각했던 사건이 있나요?

⭕ 피터 블루웨트 부인은 날카로운 얼굴에 무서운 눈매의 외모만큼이나 성질이 괴팍하기로 유명했다. 쫓겨난 하녀들의 증언에 따르면 부인의 성격은 인색하기로 말할 수 없었고 자녀들은 되바라지고 싸움이 잦았다. 식구가 많아 살림을 도와줄 여자애를 찾고 있던 차에 앤을 고아원 대신 블루웨트 부인 집으로 보내려고 했으나, 차라리 고아원에 가겠다고 눈물로 호소하는 앤을 마릴라는 내치지 못한다.

Day 17

자기 몫의 수고를 감당하려는
마릴라의 결심

'Matthew, since you seem to want her, I suppose I'm willing — or have to be. It seems a sort of duty. I've never brought up a child, especially a girl, but I'll do my best.' Matthew's shy face was a glow of delight.

'Marilla, I think she's one of the sort you can do anything with if you only get her to love you.'

'It's about time somebody adopted that child and taught her something. I forsee that I shall have my hands full. We can't get through this world without our share of trouble. I've had a pretty easy life of it so far, but my time has come at last and I suppose I'll just have to make the best of it.'

● 부록 참조 (248p 〈어울리는 시〉)

"매튜, 오빠가 앤을 키우고 싶어 하는 것 같으니 나도 그럴까 해. 아니 그래야 할 것 같아. 일종의 의무처럼 느껴져. 난 아이를 키워본 적도 없고 특히 여자아이는 양육해본 적이 없어. 그래도 최선을 다해볼게." 매튜의 수줍은 얼굴에 기쁨의 빛이 가득했다.

"마릴라, 내 생각엔 저 아이가 널 사랑하게 되기만 하면 넌 아이와 무엇이든 같이 할 수 있을 거야."

"누군가가 저 아이를 입양해서 뭔가를 가르칠 때가 온 것 같아. 할 일이 많을 거 같아. 이 세상을 살아가는 동안 자기 몫의 수고를 감당하지 않을 수 없지. 지금까지는 꽤 편한 삶을 살아왔지만, 마침 때가 왔고 그저 최선을 다할 수밖에."

duty 의무   bring up 양육하다   glow 빛   adopt 입양하다   foresee 예견하다
share 몫, 지분   trouble 수고   make the best of ~을 최대한 이용하다

56

Q. 내 인생에 감당해야 하는 수고의 몫은 무엇이라고 생각하나요?

Day 18

기쁨 이상의 행복감

'Matthew and I have decided to keep you,' said Marilla.
'I'm crying,' said Anne in a tone of bewilderment. 'I
can't think why. I'm **glad as glad can be**. Oh, glad
doesn't seem the right word at all. I was glad about the
White Way and the cherry blossoms — but this! Oh, it's
something more than glad. I'm so happy. I'll try to be
so good. It will be uphill work. However, I'll do my very
best. But can you tell me why I'm crying?'

● 부록 참조 (248p 〈형용사 강조 표현〉)

"매튜와 난 널 기르기로 결정했다." 마릴라가 말했다.
"저 눈물이 나요." 앤은 어리둥절한 목소리로 말했다. "왜 울고 있는지 모르겠어요. 너무 기
쁘네요. 아, 기쁘다는 말은 맞지 않은 것 같아요. 저는 (기쁨의) 하얀 길이나 벚꽃을 보고도
기뻤거든요. 그런데 이건! 아, 기쁜 것 이상이에요. 정말 행복해요. 착한 아이가 되려고 노
력할게요. 힘들긴 하겠지만요. 그래도 최선을 다해볼게요. 그런데 왜 눈물이 나는 걸까요?"

tone 어조 bewilderment 당혹, 어리둥절함 uphill 오르막길 uphill work 힘든 일

Q. 눈물 날 만큼 기쁜 소식을 들어본 적이 있나요?

상상의 소녀 앤 vs. 현실주의자 마릴라

'What am I to call you? Can I call you Aunt Marilla?' asked Anne. / 'No; you'll call me just plain Marilla.'

'I'd love to call you Aunt Marilla,' said Anne wistfully. 'I've never had an aunt or any relation at all. It would make me feel as if I really belonged to you.' / 'No, I'm not your aunt. I don't believe in calling people names that don't belong to them.' / 'But we could imagine you were my aunt.' / 'I couldn't,' said Marilla grimly.

'Do you ever imagine things different from what they really are?' asked Anne wide-eyed. / 'No. I don't believe in imagining things different from what they really are,' retorted Marilla. / 'Oh, Marilla, how much you miss!'

"제가 아주머니를 뭐라고 부르면 될까요? 마릴라 이모라고 불러도 될까요?" 앤이 물었다. / "아니, 그냥 마릴라라고 불러."

"전 마릴라 이모라고 부르고 싶은데요." 앤이 아쉬운 듯이 말했다. "전 이모나 어떤 친척도 없었어요. 이모라고 부르면 아주머니가 정말 친척처럼 느껴질 것 같아서요."/ "아니, 난 네 이모가 아니잖아. 친척이 아닌데 그렇게 부르는 걸 좋아하지 않아." / "하지만 아주머니가 제 이모라고 상상하면 되잖아요." / "아니, 난 그렇게 못해." 마릴라가 단호하게 말했다.

"아주머니는 실제와 다른 걸 상상해본 적이 없으신가요?" 앤이 눈을 동그랗게 뜨며 물었다. / "없어. 난 현실과 다른 상상을 별로 좋아하지 않아." 마릴라가 대꾸했다. / "오, 마릴라 아주머니, 정말 안타까워요!"

wistfully 애석하게, 아쉽게   grimly 단호하게   wide-eyed 눈이 휘둥그레진
retort 대꾸하다

Q. 특별한 호칭으로 부르는 사람이 있나요? 누구이며 그 이유는 무엇인가요?

○ 앤과 마릴라는 서로 달라도 너무 다른 성향의 소유자들이다. 앤은 매튜를 결이 같은 사람이라고 느꼈지만 마릴라에게는 그러지 않았다. 둘은 결이 달랐던 것이 분명하다. 하지만 마릴라는 앤을 입양한 후 가장 많은 변화를 보인 입체적 인물이다. 평생 독신이었지만 모성애를 품고 앤을 딸처럼 여기며 헌신하였으며 무뚝뚝해 보였지만 매튜가 사망한 후에는 앤에게 사랑을 표현할 만큼 감성이 넉넉해졌다. 결국, 앤과 함께 마릴라도 성장해 갔으며 앤의 최측근으로서 소설 속 주인공의 역할을 톡톡히 해냈다고 볼 수 있다.

한 사람의 인생과
또 다른 사람의 인생은
포개지는 너비와 밀도에 따라
다른 빛깔의 관계를 수놓는다.

접점 하나 찍고 가는 옷깃 인연일 수도,
살짝 걸쳐져 가볍게 들고 나는 시절 인연일 수도,
완전 밀착되어 마음까지 엉겨 붙은 평생 인연일 수도 있다.

서로의 과거, 현재, 미래를
시간의 날실과 마음의 씨실로
촘촘하게 엮다 보면
'우리'라는 색깔과 무늬가 입혀진다.

시절의 품이 길수록
서로를 향한 마음 씀이 클수록
농도는 짙어진다.
오랜 시간을 함께 건너며 곁을 지켜주는 평생의 벗,
단타가 아닌 장타가 날려준 최고 득점이 아닐까.

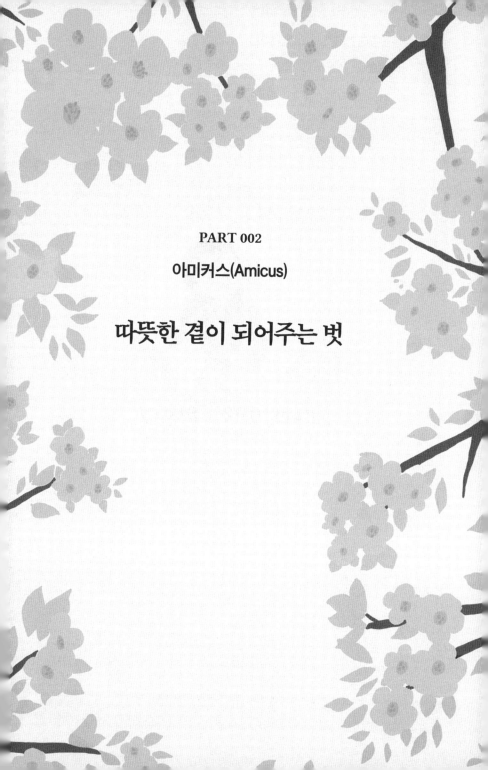

PART 002

아미커스(Amicus)

따뜻한 곁이 되어주는 벗

Part 002 : Story

상상력과 수다가 풍부한 앤은 그린게이블스에 생기를 불어 넣는다. 무뚝뚝한 마릴라조차 앤의 매력에 빠져든다. 앤은 평생의 소원이었던 단짝 친구 다이애나를 만나서 손을 맞잡고 '단짝 친구 서약'도 하고, 《빨간 머리 앤(Anne of Green Gables)》 편에는 등장하지 않지만 결국 사랑의 결실을 맺게 되는 평생지기 길버트도 만난다. 하지만 최대 취약점인 빨간 머리에 대한 민감한 반응으로 여러 사건에 휘말린다. 레이첼 린드 부인에게 불같이 화를 낸 후 결례에 대한 사과를 해야 했고, '당근'이라고 놀렸던 길버트는 앤의 증오 대상이 된다. 그는 구멍 난 배에서 가라앉아 죽을 뻔한 앤을 구해주고도 용서받지 못한 채 졸업 이후까지 냉기를 견뎌야 했다. 빨간 머리를 없애려고 염색을 잘못했다가 머리카락을 모두 잘라야 하는 사태까지 겪어야 했던 앤은 어른이 되면 머리색이 적갈색으로 바뀌길 기도한다. 그만큼 예뻐지고 싶었던 이 소녀는 마릴라의 아름다운 자수정 브로치 도둑으로 오해를 받으면서도 소풍을 가기 위해 가짜 자백을 상상으로 풀어내는 엉뚱한 모습도 보여준다.

평생의 꿈인 단짝 친구

'Marilla,' she demanded presently, 'do you think that I shall ever have a bosom friend in Avonlea? An intimate friend, you know — a really kindred spirit to whom I can confide my inmost soul. I've dreamed of meeting her all my life. I never really supposed I would, but so many of my loveliest dreams have come true all at once that perhaps this one will, too.'

'Diana Barry lives over at Orchard Slope, and she's about your age. She's a very nice little girl, and perhaps she will be a playmate for you when she comes home.'

● 부록 참조 (249p 〈어울리는 음악〉)

"마릴라 아주머니." 앤이 잠시 후 물었다. "제가 에이번리에서 단짝 친구를 사귈 수 있을까요? 친밀한 친구 있잖아요. 정말 저랑 결이 같아서 마음 깊숙한 곳의 비밀까지 털어놓을 수 있는 친구요. 전 평생 그런 친구를 만나는 걸 꿈꿔 왔거든요. 정말로 그런 친구를 가지게 될 거라고 전혀 생각하지 않았는데, 저의 멋진 꿈들이 한꺼번에 실현되는 걸 보니 어쩌면 이 꿈도 이루어질 거라는 생각이 들어서요."

"다이애나 배리라는 아이가 오처드 슬로프에 살고 있는데 네 또래야. 아주 착한 애이고 (친척 집에서) 돌아오면 너하고 놀 수 있을 거야."

---

presently 곧, 이내   bosom friend 단짝 친구   intimate 친밀한
kindred spirit 결이 같은 사람   confide (비밀을) 털어놓다   inmost 마음속 깊은
all at once 한꺼번에   playmate 놀이 친구

Q. 인생의 시절 따라 찾아와준 인연 중 가장 기억에 남는 단짝 친구가 있나요?

빠져드는 매력이 있는 앤의 수다

Anne had been a **fortnight** at Green Gables. She made good use of every waking moment of it. Already she was acquainted with every tree and shrub about the place. Anne talked Matthew and Marilla half-deaf over her discoveries. Not that Matthew complained, to be sure; he listened to it all with a wordless smile of enjoyment on his face; Marilla permitted the 'chatter' until she found herself becoming too interested in it, whereupon she always promptly quenched Anne by a curt command to hold her tongue.

● 부록 참조 (250p 〈단어 정리〉)

앤이 그린게이블스에 온 지 2주가 되었다. 앤은 그 2주간 깨어 있는 모든 순간을 잘 활용했다. 이미 마당에 있는 나무와 덤불을 모두 익혔다. 앤은 매튜와 마릴라에게 자신이 발견한 것에 대해 귀가 따갑도록 이야기했다. 물론 매튜는 불평하지 않았다. 말없이 즐거운 미소를 띠며 아이의 말을 들었다. 마릴라는 그 '수다'를 듣고 있다가 스스로 너무 재미있어진다고 느낄 때면 얼른 입을 다물라고 다그치며 이야기를 멈추게 했다.

fortnight 2주   make good use of ~을 잘 활용하다   be acquainted with ~을 알게 되다
shrub 관목   half-deaf 반쯤 귀머거리가 된   discovery 발견   wordless 말 없는
permit 허용하다   chatter 수다   promptly 즉시   whereupon 그 때문에, 그 결과
quench (갈증을) 풀다, (불을) 끄다   curt 퉁명스러운   command 명령

Q. 주변에 나를 즐겁게 해주는 수다쟁이가 있나요?

Day 22

자신의 외모 발언에 발끈한 앤

Mrs Lynde came to inspect Anne.

'Well, they didn't pick you for your **looks**, that's sure and certain. She's terribly skinny and homely, Marilla. Did anyone ever see such **freckles**? And hair as red as carrot!'

'I hate you,' Anne cried in a choked voice, stamping her foot on the floor. 'You are a rude, impolite, unfeeling woman! How would you like to be told that you are fat and clumsy and probably hadn't a spark of imagination in you!' / 'You shouldn't have twitted her about her **looks**, Rachel! I'm not trying to excuse her but you were too hard on her,' said Marilla.

● 부록 참조 (250p 〈외모와 성격 묘사〉)

린드 부인이 앤을 보러 왔다.
"음, 외모를 보고 널 키우기로 한 게 아닌 건 분명하구나. 아이가 깡마르고 못생겼네요, 마릴라. 저렇게 주근깨가 많은 아이는 처음 봐요. 머리카락도 당근처럼 빨갛구요!"
"전 아줌마가 싫어요." 앤은 목 멘 소리로 외치며 발로 바닥을 쾅쾅거렸다. "아주머니는 무례하고도 매정한 분이예요! 아주머니라면 뚱뚱하고 어설픈 데다가 상상력 하나 없다는 말을 들으면 어떠실 거 같아요?" / "아이 외모로 조롱해서는 안 되죠, 레이첼! 앤을 변호하려는 게 아니라 너무 말을 심하게 했어요." 마릴라가 말했다.

inspect 조사하다   skinny 마른   homely 못생긴, 매력 없는   freckle 주근깨
choke 숨이 막히다   stamp 발을 구르다   unfeeling 무정한, 냉정한
clumsy 서투른, 어설픈   twit 놀리다, 조롱하다

70

Q. 나의 외모 중 가장 자신 있는 부분 혹은 가장 아쉬운 부분은 어디인가요?

다른 사람들은 나를 다르게
생각해주기를 바라는 마음

'I'm sure I don't know why you should lose your temper like that just because Mrs Lynde said you were red-haired and homely. You say it yourself often enough.'

'Oh, but there's such a difference between saying a thing yourself and hearing other people say it. You may know a thing is so, but you can't help hoping other people don't quite think it is. I'm sorry I've vexed you but I can't tell Mrs Lynde I'm sorry when I'm not, can I? I can't even imagine I'm sorry.'

"린드 부인이 빨간 머리에게 못생겼다고 말한 것에 왜 그렇게 화를 내는지 모르겠구나. 네 입으로도 자주 그렇게 말을 하면서."

"음, 자기가 말하는 거랑 남한테 그 말을 듣는 거랑은 큰 차이가 있어요. 그렇게 알고 있다고 해도 다른 사람들은 다르게 생각해주기를 바라니까요. 마릴라 아주머니를 속상하게 해서 죄송해요. 하지만 린드 아주머니에게 미안하지도 않은데 미안하다고 말할 수는 없어요, 안 그래요? 미안하다고 상상도 못하겠어요."

lose one's temper 화를 내다   vex 괴롭히다

Q. 다른 사람들이 나를 어떻게 생각해주길 바라나요?
가장 듣고 싶은 칭찬은 무엇인가요?

Day 24

매튜의 부드러운 설득

'Anne, don't you think you'd better do it and have it over with?' Matthew whispered.

'Do you mean apologize to Mrs Lynde?'

'Yes — apologize — that's the very word,' said Matthew eagerly.

'I suppose I could do it to oblige you. It would be true enough to say I am sorry, because I am sorry now. I wasn't a bit sorry last night. But this morning it was all over and I felt so ashamed of myself.'

● 부록 참조 (250p 〈용서와 관련된 명언〉)

"앤, 그냥 빨리해서 끝내는 게 낫지 않겠니?" 매튜가 속삭였다.
"린드 부인에게 사과하라는 말씀인가요?"
"그래 — 사과 — 바로 그거야." 매튜가 열의를 띄며 말했다.
"아저씨를 위해서라면 할 수 있을 것 같아요. 죄송한 건 사실이에요. 지금은 죄송하거든요.
어젯밤에는 조금도 죄송하지 않았어요. 그런데 오늘 아침엔 나쁜 마음이 사라지고 저 자신
이 너무 부끄러웠어요."

whisper 속삭이다   over with 끝나서, 마쳐서   apologize 사과하다   eagerly 열정적으로
oblige 돕다, 베풀다, 의무를 다하다   ashamed 부끄러운

Q. 용서할 수 없었던, 그러나 용서했던 경험이 있나요?

사과할 땐 제대로

Mrs Lynde perceived that Anne had made a very thorough apology and all resentment vanished.

'I apologize pretty well, didn't I?' Anne said proudly on the way back home with Marilla. 'I thought since I had to do it I might as well do it thoroughly. It gives you a lovely, comfortable feeling to apologize and be forgiven. I don't get cross about other things; but I'm so tired of being twitted about my hair and it just makes me boil right over. Do you suppose my hair will really be a handsome auburn when I grow up?'

'You shouldn't think about your looks. **Handsome is as handsome does**,' quoted Marilla.

린드 부인은 앤이 깊이 사과했다고 느꼈고 모든 분노가 사라졌다.
"저 사과 잘했죠?" 마릴라와 집으로 돌아가는 길에 앤이 자랑스럽게 말했다.
"어차피 해야 할 일이라면 확실하게 하는 게 좋다고 생각했어요. 사과하고 용서받는 건 기분 좋고 편안한 마음을 주나 봐요. 다른 건 화가 나지 않아요. 그런데 머리 색깔로 놀림을 너무 많이 받아서 그런지 그런 말만 들으면 바로 폭발해요. 제가 크면 머리가 적갈색으로 바뀔까요?"
"외모에 그렇게 집착하지 말아라. 마음이 예뻐야 진짜 예쁜 거야." 마릴라가 말했다.

perceive 인식하다   thorough 철저한   resentment 분노   vanish 사라지다
proudly 자랑스럽게   get cross 화나다   boil 끓다   handsome 예쁜, 행실이 바른
auburn 적갈색(의)

Q. 나를 특히 화나게 하는 포인트가 있다면 무엇인가요?

○ handsome은 현대영어에서 '잘생긴'의 뜻으로 사용되지만 원래 '행실이 바른'이란 의미였다.
'Handsome is as handsome does.'는 '행실이 바른 만큼 외모도 멋있다.' 즉 외모보다 마음씨, 인품이
먼저라는 의미이다.

다이애나와의 첫 만남

'Diana Barry came home this afternoon. If you like, you can come with me and get acquainted with Diana.'

'Oh, Marilla, I'm frightened — now that it has come I'm actually frightened. What if she shouldn't like me!'

'Diana'll like you well enough. It's her mother you've got to reckon with. If she doesn't like you it won't matter how much Diana does. You must be polite and well-behaved.'

● 부록 참조 (251p 〈격려의 영어 표현〉)

"다이애나 배리가 오늘 오후에 집에 왔어. 원한다면 나와 함께 가서 다이애나와 인사를 하는 건 어떻겠니?"

"아, 마릴라 아주머니, 겁이 나요. 막상 때가 오니 정말 겁나요. 다이애나가 절 좋아하지 않으면 어쩌죠!"

"다이애나는 널 좋아할 거야. 문제는 그 아이 엄마야. 그 부인이 널 싫어하면 다이애나가 아무리 좋아해도 소용없어. 예의 바르고 얌전하게 행동해야 한다."

get acquainted with ~와 아는 사이가 되다   frightened 두려운   reckon with ~을 감안하다
well-behaved 품행이 바른

Q. 새로운 경험을 앞두고 매우 긴장했던 기억이 있나요?

다이애나의 마음 확인

Outside in the garden, which was full of mellow sunset light streaming through the dark old firs to the west of it, stood Anne and Diana, gazing bashfully at one another over a clump of gorgeous tiger lilies.

'Oh, Diana,' said Anne at last, clasping her hands and speaking almost in a whisper, 'Oh, do you think you can like me a little — enough to be my bosom friend?'

'Why, I guess so,' she said frankly. 'I'm awfully glad you've come to live at Green Gables. It will be jolly to have somebody to play with. There isn't any other girl who lives near enough to play with, and I've no sisters big enough.'

정원 서쪽의 오래된 흑빛 전나무들 사이로 부드러운 햇빛이 가득 흘러들어 왔고 앤과 다이애나는 화려한 참나리꽃 덤불 앞에 수줍게 서로를 바라보고 서 있었다.
"오, 다이애나." 마침내 앤이 두 손을 꼭 잡고 거의 속삭이듯 말했다. "오, 혹시 너 나랑 친해져서 단짝 친구가 되어줄 수 있니?"
"음, 그럴 수 있을 것 같아." 다이애나가 솔직하게 말했다. "네가 그린게이블스에 와서 살게 되어 정말 기뻐. 같이 놀 사람이 있는 건 즐거운 일이야. 우리 집 근처에는 함께 놀 여자아이가 없거든. 내 동생들은 아직 어리고 말이야."

mellow 부드러운   stream through ~을 통과하여 흐르다   fir 전나무   bashfully 수줍게
clump 무리   gorgeous 아주 멋진   tiger lily 참나리   frankly 솔직하게
awfully 정말, 몹시

Q. 나와 달라서, 혹은 특이해서 좋아하는 사람이 있나요?

단짝 친구 서약

'Will you swear to be my friend for ever and ever?' demanded Anne eagerly.

'How do you do it?'

'We must join hands. We'll just imagine this path is running water. I'll repeat the oath first. I solemnly swear to be faithful to my bosom friend, Diana Barry, as long as the sun and moon shall endure. Now you say it and put my name in.'

Diana repeated the 'oath' with a laugh fore and aft. Then she said:

'You're a queer girl, Anne. I heard before that you were queer. But I believe I'm going to like you real well.'

"영원히 내 친구가 되겠다고 서약해줄 수 있어?" 앤이 열정을 담아 물었다.
"어떻게 하는 건데?"
"서로 손을 잡아야 해. 이 길이 흐르는 물이라고 상상만 하면 돼. 내가 먼저 서약의 말을 할게. 나는 해와 달이 빛나는 한 다이애나 배리의 믿음직한 단짝 친구가 될 것을 엄숙히 맹세합니다. 이제 내 이름을 넣어서 똑같이 말하면 돼."
다이애나는 시작할 때와 끝날 때 웃으며 '서약'을 되풀이했다. 그리고 이렇게 말했다.
"넌 특이한 애인 것 같아, 앤. 네가 특이하다는 건 이미 들었어. 하지만 너를 정말 좋아하게 될 것 같아."

swear 맹세하다, 서약하다   oath 서약   solemnly 엄숙한   faithful 충실한, 믿음직한
fore and aft 앞뒤로   queer 특이한, 이상한

Q. 누군가와 서약을 해본 경험이 있나요? 무엇을 위해 약속했나요?

○ 'swear'는 '맹세하다'는 뜻도 있지만 '욕하다'는 의미도 있다. 앤이 'swear'하자고 말했을 때 처음에 다이애나는 나쁜 말이라고 당황한 이유가 그 때문이다. 종교의 세력이 강했던 옛 시대에는 'for God's sake', 'Oh, God!' 등의 말을 입에 올리는 것도 신성모독이었다. 신에 대한 엄숙한 맹세에 그치지 않고 자주 남발하면 저주어, 금기어, 욕의 의미로 생각했다.

가장 행복한 소녀

When Marilla and Anne went home, Diana went with them as far as the log bridge. The two little girls walked with their arms about each other. At the brook they parted with many promises to spend the next afternoon together.

'Well, did you find Diana a kindred spirit?' asked Marilla.

'Oh, yes. Oh, Marilla, I'm the happiest girl on Prince Edward Island this very moment. Diana's birthday is in February and mine is in March. Don't you think that is a very strange coincidence? Diana is going to lend me a book to read. I wish I had something to give Diana.'

● 부록 참조 (252p 〈별자리 표현〉)

마릴라와 앤이 집으로 돌아갈 때 다이애나는 통나무 다리까지 그들을 배웅했다. 두 어린 소녀는 서로 팔짱을 끼고 걸었다. 그리고 개울에서 다음 날 오후에 다시 만나 놀기로 약속을 하고 헤어졌다.

"그래, 다이애나가 너와 결이 같아 보이니?" 마릴라가 물었다.

"네, 그럼요. 오, 마릴라 아주머니, 저는 지금 이 순간 프린스 에드워드 섬에서 가장 행복한 소녀예요. 다이애나의 생일은 2월이고 제 생일은 3월이에요. 정말 신기한 우연 아닌가요? 다이애나가 책을 빌려주기로 했어요. 저도 다이애나에게 뭔가 줄 게 있으면 좋겠어요."

log bridge 통나무 다리   part 헤어지다   kindred spirit 결이 같은 사람
coincidence 우연의 일치

Q. 나의 생일은 언제인가요? 해당 별자리는 무엇이며 해당 특성이 나와 비슷한가요?

친구에게 주고 싶은 마음

Anne's cup of happiness was full, and Matthew caused it to overflow. He had just got home from a trip to the store at Carmody, and he sheepishly produced a small parcel from his pocket and handed it to Anne.

'I heard you say you liked chocolate sweeties, so I got you some,' he said.

'I can give Diana half of them, can't I? The other half will taste twice as sweet to me if I give some to her. It's delightful to think I have something to give her.'

행복으로 가득 찬 앤의 잔을 매튜가 흘러넘치게 했다. 그는 카모디에 있는 가게에 갔다가 돌아오더니, 조심스럽게 주머니에서 작은 꾸러미를 앤에게 건넸다.
"네가 초콜릿 과자를 좋아한다고 해서, 좀 사왔다." 매튜가 말했다.
"다이애나에게 절반을 주어도 될까요? 절반을 주고 나면 나머지 절반은 두 배로 더 달콤할 거예요. 그 애한테 줄 수 있는 게 있어서 너무 기뻐요."

overflow 흘러넘치다   sheepishly 소심하게   delightful 정말 기쁜

Q. 다른 사람에게 나눌 수 있는 나의 재능은 무엇인가요?

마릴라의 고백

'I'm glad that she isn't stingy,' said Marilla when Anne had gone to her gable. 'It's only three weeks since she came, and it seems as if she's been here always. I can't imagine the place without her. Now, don't be looking I-told-you-so, Matthew. That's bad enough in a woman, but it isn't to be endured in a man. I'm perfectly willing to own up that I'm glad I consented to keep the child and I'm getting fond of her, but don't you **rub** it in, Matthew Cuthbert.'

● 부록 참조 (252p 〈표현 정리〉)

"앤이 인색하지 않아서 좋아." 앤이 다락방으로 돌아간 후 마릴라가 말했다. "저 애가 집에 온 지 3주밖에 안 됐는데 처음부터 여기에 살았던 것 같아. 저 애가 없는 집은 상상할 수 없어. 매튜, 내가 뭐랬어란 식의 우쭐대는 표정 짓지 마. 여자가 그러는 것도 보기 싫은데 남자가 그러는 건 진짜 참기 어려워. 저 아이를 키우기로 한 건 잘한 일이고 나도 저 아이가 좋아지고 있다는 걸 완벽히 인정한다고. 하지만 염장 좀 그만 질러, 매튜 커스버트."

stingy 인색한　gable 박공, 다락방　endure 참다, 견디다　own up 인정하다
consent 동의하다　rub in (민망해서 잊고 싶은 일을) 상기시키다, 자꾸 들먹이다, 놀리다

Q. 나와 반대되는 의견을 수용했다가 더 나은 결과를 얻은 경험이 있나요?

마릴라의 달콤한 첫 경험

'Isn't it splendid about the picnic, Marilla? Please can I go? Oh, I've never been to a picnic — I've dreamed of, but I've never — Please can I go?'

'Of course you can go. You're a Sunday-school scholar. I'll bake you a basket.'

'Oh, you're so kind to me. I'm so much obliged to you.'

Getting through with her 'ohs' Anne cast herself into Marilla's arms and rapturously kissed her sallow cheek. It was the first time in Marilla's whole life that childish lips had voluntarily touched her face. That sudden sensation of startling sweetness thrilled her.

● 부록 참조 (253p 〈어울리는 시〉)

"소풍이라니 정말 멋지지 않아요, 마릴라 아주머니? 제가 가도 될까요? 아, 저는 소풍을 가본 적이 없어요. 꿈은 꾸었지만 한 번도요. 저 가도 돼요?"
"물론이지. 넌 교회학교 학생이잖니. 내가 도시락을 준비해주마."
"와, 아주머니는 정말 좋은 분이예요. 정말 정말 고마워요."
앤은 탄성을 지르더니 마릴라의 팔에 뛰어들어 그녀의 창백한 뺨에 기쁨의 키스를 했다. 아이가 자발적으로 뺨에 키스를 한 것은 마릴라의 인생에 처음 있는 일이었다. 그 갑작스럽고 놀라운 달콤함에 마릴라는 짜릿함을 느꼈다.

Sunday-school scholar 교회학교 학생   bake a basket (피크닉) 바구니를 준비하다
obliged 고마운   get through with ~을 끝내다   cast 던지다   rapturously 황홀하게
sallow 혈색이 없는, 윤기가 없는   voluntarily 자발적으로   sensation 감각
startling 놀라운   sweetness 달콤함

Q. 가장 기억에 남는 소풍이 있나요? 왜 기억에 남아 있나요?

기대하는 즐거움

The rest of the week she talked picnic and thought picnic and dreamed picnic.

'You set your heart too much on things, Anne. I'm afraid there'll be a great many disappointments in store for you through life,' said Marilla with a sigh.

'Oh, Marilla, looking forward to things is half the pleasure of them,' exclaimed Anne. Mrs Lynde says, "Blessed are they who expect nothing, for they shall not be disappointed." But I think it would be worse to expect nothing than to be disappointed.'

● 부록 참조 (254p 〈희망과 관련된 명언〉)

그 주 며칠 동안 앤은 소풍에 대해 이야기하고 소풍을 생각하고 소풍을 꿈꿨다.
"무슨 일이 있으면 넌 너무 많은 기대를 해, 앤. 인생을 살면서 실망을 너무 많이 하게 될까 걱정이야." 마릴라가 한숨을 쉬며 말했다.
"아, 마릴라 아주머니, 기대하는 게 즐거움의 절반이에요." 앤이 소리쳤다. "린드 아주머니는 늘 말씀하세요. '아무것도 기대하지 않는 사람이 복이 있어. 실망하지 않을 것이기 때문이야.' 하지만 저는 아무것도 기대하지 않는 것이 실망하는 것보다 더 나쁜 것 같아요."

set one's heart on ~에 마음을 두다　disappointment 실망　in store 저장하는
look forward to ~을 기대하다　exclaim 외치다

Q. 기대하고 실망하는 것, 실망하지 않게 기대하지 않는 것, 어느 것이 나을까요?
왜 그런가요?

마릴라가 가장 아끼는 자수정 브로치

Marilla wore her amethyst brooch to church that day as usual. Marilla always wore her amethyst brooch to church. That amethyst brooch was Marilla's most treasured possession. A seafaring uncle had given it to her mother, who in turn had bequeathed it to Marilla.

'Oh, Marilla, it's a perfectly elegant brooch. I don't know how you can pay attention to the sermon or the prayer when you have it on. Will you let me hold the brooch for one minute? Do you think amethysts can be the souls of good violet?'

● 부록 참조 (254p 〈탄생석〉)

마릴라는 그날 평소처럼 자수정 브로치를 달고 교회에 갔다. 마릴라는 교회에 갈 때마다 자수정 브로치를 달았다. 그 자수정 브로치는 마릴라의 가장 소중한 보물이었다. 배를 타던 삼촌이 엄마에게 선물로 준 것을 마릴라에게 물려준 것이었다.
"어머, 마릴라 아주머니, 정말 우아한 브로치에요. 그걸 달고 어떻게 설교나 기도에 집중할 수 있는지 모르겠어요. 그 브로치 잠깐 만져봐도 될까요? 자수정은 착한 제비꽃들의 영혼 같지 않나요?"

amethyst 자수정   brooch 브로치   treasured possession 보물 같은 소유물
seafaring 항해의   bequeath 물려주다   elegant 우아한   sermon 설교   violet 제비꽃

Q. 내가 가장 아끼는 물건은 무엇인가요? 어떤 의미가 있나요?

자수정 브로치 분실 사건

On the Monday evening before the picnic Marilla came down from her room with a troubled face.

'Anne, did you see anything of my amethyst brooch? I can't find it anywhere.'

'I — I saw it this afternoon when you were away at the Aid Society,' said Anne, a little slowly. 'I took it up and I pinned it on my breast just to see how it would look. I put it back on the bureau. I hadn't it on a minute. Truly, I didn't mean to meddle, Marilla. But I see now that it was, and I'll never do it again. That's one good thing about me. I never do the same naughty thing twice.'

소풍 전 월요일 저녁, 마릴라는 근심 섞인 얼굴로 방에서 나와 아래층으로 내려왔다.
"앤, 내 자수정 브로치 봤니? 어디에도 안 보이는구나."
"저, 오늘 오후에 아주머니가 교회 봉사회 가셨을 때 봤어요." 앤의 말투가 살짝 느려졌다. "브로치를 달면 어때 보일까 싶어서 집어서 가슴에 달아봤어요. 바로 서랍장 위에 다시 올려놓았어요. 1분도 안 달아봤어요. 진짜로 문제를 일으킬 생각은 없었어요, 아주머니. 그런데 이제 보니 잘못이었네요. 다시는 안 그럴게요. 제가 잘하는 것 중에 하나가 그거예요. 똑같은 잘못을 두 번은 하지 않는 거예요."

troubled 근심 어린   pin 꽂다   bureau 서랍장   meddle 간섭하다, 건드리다
naughty 나쁜

Q. 최근 갖고 싶은 물건이 있다면 무엇인가요?

Day 36

브로치를 훔친 벌로 방에 갇힌 앤

'You didn't put it back,' said Marilla. 'That brooch isn't anywhere on the bureau. You've taken it out or something, Anne.'

Anne persisted in denying that she knew anything about the brooch but Marilla was only the more firmly convinced that she did.

'You'll stay in your room until you confess, Anne. You can make up your mind to that.'

'But the picnic is tomorrow. You won't keep me from going to that, will you?' cried Anne.

'You'll not go to picnics nor anywhere else until you've confessed, Anne.'

"넌 안 돌려놨어." 마릴라가 말했다. "그 브로치는 서랍장 위에 없어. 네가 가져가거나 어떻게 한 거야, 앤."

앤이 브로치에 대해 아는 바가 없다고 계속 말했지만 마릴라는 그럴수록 앤이 가져간 것이라고 확신했다.

"잘못을 털어놓을 때까지 그 방에서 못 나와, 앤. 네가 인정할 마음만 먹으면 돼."

"하지만 내일은 소풍이에요, 소풍을 못 가게 하진 않으실 거죠?" 앤이 소리쳤다.

"잘못을 인정하기 전까지 소풍이고 뭐고 어디도 갈 수 없어, 앤."

---

take out 꺼내다   persist 집요하게 계속하다   deny 부인하다   convince 확신시키다
confess 인정하다

Q. 어릴 때 받은 벌 중에서 기억에 남는 것은? 행동 교정에 효과적인 벌이 있다면?

Day 37

자백 후에도 소풍을 가지 못하게 된 억울함

'I took the amethyst brooch,' said Anne, as if repeating a lesson she had learned. 'I didn't mean to take it, but it did look so beautiful. So I took the brooch.' / 'Anne, this is terrible. You are the very wickedest girl I ever heard of,' Marilla said.

'I know I'll have to be punished. It'll be your duty to punish me. Won't you please get it over right off because I'd like to go to the picnic with nothing on my mind.' / 'You will go no picnic today, Anne Shirley! That shall be your punishment.'

'Oh, I must go to the picnic. That was why I confessed. Please, let me go to the picnic.' / 'You are not going to the picnic and that's final. No, not a word.'

"제가 자수정 브로치를 가져갔어요." 앤이 마치 외운 것을 암송하듯 말했다. "가지고 나올 생각은 아니었는데 브로치가 너무 아름다웠어요. 그래서 가져갔어요."/ "앤, 정말 너무하는구나. 너처럼 나쁜 아이가 있다는 걸 들어본 적이 없구나." 마릴라가 말했다.
"제가 벌을 받아야 하는 걸 알아요. 아주머니가 벌을 주셔야 하는 거고요. 제발 지금은 잊어버려주시겠어요? 마음의 짐 없이 소풍을 가고 싶으니까요." / "오늘 소풍은 못 간다, 앤 셜리! 그게 네가 받을 벌이야."
"안 돼요, 전 소풍 가야 해요. 그래서 잘못을 털어 놓은 거예요. 제발, 소풍 가게 해주세요." / "넌 소풍을 못 가. 최종 결정이니 더는 한마디도 하지 마라."

wicked 사악한   get over ~을 잊다, 처리하다   final 마지막의, 최종의

Q. 억울하게 누명을 썼거나 오해받은 기억이 있나요? 어떻게 문제를 해결했나요?

마릴라에 대한 눈물의 용서

Anne realized that Marilla was not to be moved. She clasped her hands together, gave a piercing shriek, and then flung herself face downwards on the bed, crying. When dinner was ready Marilla went to the stairs and called Anne.

'Come down to your dinner, Anne.'

'I don't want any dinner, Marilla,' said Anne sobbingly. 'I couldn't eat anything. My heart is broken. You'll feel remorse of conscience some day, I expect, for breaking it, Marilla, but I forgive you. Remember when the time comes that I forgive you.'

앤은 마릴라가 마음을 바꾸지 않을 거라는 걸 알았다. 앤은 두 손을 꼭 맞잡고 날카로운 비명을 지르더니 침대에 얼굴을 푹 파묻고 울었다. 저녁 식사가 준비되자 마릴라는 위층으로 올라가 앤을 불렀다.

"내려와서 밥 먹어라, 앤."

"저녁은 먹고 싶지 않아요, 마릴라 아주머니." 앤이 흐느끼며 말했다. "아무것도 먹을 수 없어요. 가슴이 너무 아파요. 언젠가 아주머니는 제 마음을 아프게 한 것에 대해 양심의 가책을 느낄 거예요. 하지만 용서할게요. 때가 되며 제가 아주머니를 용서한다는 걸 기억해주세요."

clasp 움켜쥐다   piercing 날카로운   shriek 비명   fling 던지다   sobbingly 흐느끼며
remorse 회한, 가책   conscience 양심

Q. 가장 최근 울어본 경험이 있나요? 이유는 무엇이었으며
그 후의 어떤 심리적·태도적 변화가 생겼나요?

○ 영화 〈인사이드 아웃〉에서는 슬픔과 눈물의 중요성에 대해 말한다. 눈물은 참으면 오히려 독이 되므로 한껏 울어야 한다. 눈물에는 여러 가지 긍정적인 효과가 있다. 눈물은 부정적인 감정과 스트레스를 해소하고 심리적으로 안정감을 얻는 치유 효과를 가진다. 스트레스로 생성되는 호르몬을 배출시키고 깊은 호흡을 유발하는 이완 효과로 이어지기 때문이다. 눈물은 안구 정화, 항균, 각막 영양 공급 등 눈 건강에도 좋다.

Day 39

벗겨진 누명

'Anne Shirley,' said Marilla solemnly, 'I've just found my brooch hanging to my black lace shawl. Now I want to know what the rigmarole you told me this morning meant.'

'Why, you said you'd keep me here until I confessed,' returned Anne wearily, 'and so I decided to confess because I was bound to get to the picnic. But you wouldn't let me go to the picnic after all, so **all my trouble was wasted**.'

● 부록 참조 (255p 〈표현 정리〉)

"앤 셜리." 마릴라가 무겁게 말했다. "방금 검은색 레이스 숄에 브로치가 걸려 있는 걸 발견했어. 오늘 아침에 네가 말한 그 장황한 말들은 무엇이었는지 알고 싶구나."
"사실, 제가 잘못을 털어놓을 때까지 이 방에서 못나간다고 하셨잖아요." 앤이 힘없이 말했다. "그래서 가짜로라도 잘못을 털어놔야겠다고 생각했어요. 전 꼭 소풍을 가고 싶었거든요. 그런데 결국 아주머니께서 소풍을 안 보내주셨으니 다 헛수고가 되었네요."

solemnly 무겁게   rigmarole 장황한 이야기   wearily 지쳐서   be bound to ~해야 하다

Q. 잘못된 판단으로 상대방을 힘들게 한 경험이 있나요?

오해를 풀고 꿈에 그리던 소풍을!

'Anne, you do beat all! But I was wrong — I shouldn't have doubted your word when I'd never known you to tell a story. Of course, it wasn't right for you to confess to a thing you hadn't done. But I drove you to it. So if you'll forgive me, I'll forgive you and we'll start square again. And now get yourself ready for the picnic.'

'Oh, Marilla,' exclaimed Anne, flying to the washstand. 'Five minutes ago I was so miserable I was wishing I'd never been born and now I wouldn't change places with an angel!'

"앤, 넌 정말 대단하구나! 하지만 내가 잘못했다. 지금까지 거짓말한 적 없는 널 의심한 내 잘못이야. 물론 네가 하지 않은 일을 털어놓은 것도 잘못이야. 하지만 내가 그렇게 만들었으니 날 용서해주면 나도 널 용서하고, 다시 시작하자꾸나. 어서 소풍 갈 준비를 하렴."
"어머, 마릴라 아주머니." 앤은 탄성을 지르며 세면대 앞으로 달려갔다.
"5분 전에는 너무나 불행해서 태어나지 않았으면 좋았을 거라 생각했는데 이제는 천사하고도 자리를 바꾸지 않겠어요!"

shouldn't have p.p. ~하지 말았어야 했다   start square 원점에서 시작하다
washstand 세면대

_____

_____

_____

_____

_____

_____

_____

_____

_____

_____

_____

_____

_____

_____

_____

_____

_____

_____

_____

_____ Q. 소풍 하면 떠오르는 간식이 있나요?

_____

_____

_____

○ 앤은 소풍에서 아이스크림을 먹을 꿈에 부풀어 있었다. 실제로 샬럿타운은 축산업이 발달한 지역으로 캐나다 유명 아이스크림 브랜드인 카우스(Cows)의 본사가 있다. 카우스 아이스크림은 그 지역에서 생산된 원료와 캐번디시 가정제법에 따라 1983년부터 자연스러운 맛의 아이스크림을 생산하고 있다. 카우스 아이스크림은 집에서 만든 것 같은 풍부한 맛과 향으로 여전히 여행자들의 입맛을 사로잡고 있다.

정말 멋진 날이야!

'What a splendid day!' said Anne, drawing a long breath. 'Isn't it good just to be alive on a day like this? I pity the people who aren't born yet for missing it. They may have good days, of course, but they can never have this one. And it's splendider still to have such a lovely way to go to school by, isn't it?'

"정말 멋진 날이야!" 앤은 깊은 한숨을 들이마시며 말했다. "이런 날엔 살아있는 것만으로도 좋지 않니? 아직 태어나지 않은 사람들이 불쌍해. 이런 날을 놓치다니. 물론, 그들도 좋은 날을 누릴 수 있지만 바로 오늘은 누릴 수 없는 거잖아. 그리고 더 좋은 건 학교 가는 길이 너무 아름답다는 거야."

miss 놓치다

Q. (나의 일상에) 행복을 가져다주는 세 가지가 요소가 있다면 무엇인가요?

○ 2021년 봄, 미국의 한 여론조사 기관에서 세계 17개국을 대상으로 행복의 비결에 대한 조사를 실시했다. 대부분 국가의 1순위는 '가족'(한국 3위)이었으나 1순위를 '물질적 행복'으로 꼽는 것은 한국이 유일했다. 2015년 하버드대에서 '무엇이 행복을 결정하는가' 라는 연구 주제로 1938년부터 2013년까지의 75년간 데이터를 모아 분석하였다. 연구 결과에 따르면 행복한 삶의 비결은 돈, 성공, 성취, 명예, 성취감이 아닌 바로 '인간관계'였다. 가족, 친구, 공동체와의 연결이 긴밀할수록 행복감이 높았고 많은 사람과의 관계보다 친밀한 몇 명과의 교제, 즉 양보다 질이 행복을 결정하는 중요한 요소였다. 많은 사람들이 젊은 시절에 부와 명예를 좇지만 결국 인생에서 중요한 것은 나와 연결된 사람이었다.

Day 42

학교에 다니게 된 앤

The way Anne and Diana went to school was a pretty one. Anne had named it Lover's Lane.

'Diana says she never saw the beat of me for hitting on fancy names for places. It's nice to be clever at something, isn't it?'

Marilla had seen Anne start off to school on the first day of September with many secret misgivings. Anne was such an odd girl. How would she get on with the other children? And how on earth would she ever manage to hold her tongue during school hours? Things went better than Marilla feared, however. Anne came home that evening in high spirit.

'I think I'm going to like school here,' she announced.

앤과 다이애나가 학교에 가는 길은 정말 예뻤다. 앤은 그 길을 연인의 오솔길이라 이름 지었다.

"다이애나는 저처럼 장소에 멋진 이름을 붙이는 사람을 본 적이 없대요. 잘하는 게 있다니 좋은 일 같아요."

9월의 첫날, 마릴라는 드러내지 않았지만 많은 불안감을 가지고 앤이 학교에 가는 것을 보았다. 앤은 정말 특이한 소녀였다. 다른 아이들과 어떻게 지낼까? 학교에 있는 동안 어떻게 입을 다물고 있을까? 하지만 마릴라가 걱정했던 것보다 상황은 더 나았다. 그날 저녁 앤은 신이 나서 집에 돌아왔다.

"전 이 학교를 좋아하게 될 것 같아요." 앤이 말했다.

---

lane 길   hit on 생각해내다   clever at ~을 잘하는   misgiving 불안감
manage to 겨우 ~하다   in high spirit 기분이 매우 좋은

110

Q. 잘하는 게 있는 건 왜 좋은가요? 내가 잘하는 것이 있다면 무엇인가요?

● 캐나다의 학교는 1학기는 9월에, 2학기는 1월 혹은 2월에 시작한다. 캐나다는 10개의 주와 3개의 특별지역으로 구성되어 있는데 주마다 교육제도가 다르며 전체적으로 교육수준이 높은 편이다. 유치원 1년, 초등 6년, 중고등 6년의 학제로 되어 있으며 주에 따라 중학교 3년 혹은 중·고등 통합 5~6년 등 형태가 다양하다.

앤의 행복한 학교 생활

'It wasn't so hard as you might imagine, Marilla. I sit with Diana. There are a lot of nice girls in school and we had scrumptious fun playing at dinner-time. But of course I like Diana best and always will. I adore Diana. I'm dreadfully far behind the others. They're all in the fifth book and I'm in the fourth. I feel that it's a kind of a disgrace. But there's not one of them has such an imagination as I have, and I soon found that out.'

"마릴라 아주머니, 걱정하시던 것만큼 힘들지 않았어요. 전 다이애나 옆에 앉아요. 학교에는 좋은 여자아이들이 많이 있고 우리는 점심시간에 함께 아주 즐거운 시간을 보냈어요. 물론 다이애나가 제일 좋아요. 그건 앞으로 항상 그럴 거예요. 전 다이애나가 정말 좋아요. 저는 다른 아이들보다 한참 뒤처져 있어요. 모두 5학년 공부를 하는데 전 4학년 책이에요. 그건 좀 부끄러운 거 같아요. 하지만 저만큼 뛰어난 상상력을 가진 아이는 없어요. 그걸 금방 알았어요."

scrumptious 아주 맛있는   dinner-time 주 식사 시간   adore 아주 좋아하다
dreadfully 몹시   disgrace 치욕, 불명예

112

Q. 학창 시절 내가 가장 좋아했던 시간(과목)은 언제(무엇)였나요?

O dinner는 하루 중 주요한 식사 시간을 의미한다. 대개 높은 비중과 중요도를 저녁식사에 두는 경우가 많아서 저녁식사(supper)와 만찬(dinner)을 동일한 것으로 사용해왔다. 하지만 하루 중 주요한 식사시간인 만찬은 점심식사(lunch)에서도 저녁식사(supper)에서도 다 가능하다.

길버트의 등장

'I guess Gilbert Blythe will be in school today,' said Diana. 'He's awf'ly handsome, Anne. And he teases the girls something terrible. He just torments our lives out. You'll have Gilbert in your class and he's used to being head of his class. He's only in the fourth book although he's nearly fourteen. You won't find it so easy to keep head after this, Anne.'

'I'm glad,' said Anne quickly. 'I couldn't really feel proud of keeping head of little boys an girls of just nine or ten.'

"오늘 길버트 블라이드가 학교에 올 것 같아." 다이애나가 말했다. "그 아이는 정말 잘생겼어, 앤. 근데 여자애들을 지독하게 괴롭혀. 우릴 정말 못살게 굴어. 넌 길버트랑 같은 수업을 들을 거야. 예전에 1등을 하곤 했던 아이야. 길버트는 조금 있으면 열네 살인데 이제 4학년 과정이야. 이제 넌 1등 하기 쉽지 않을 거야, 앤."

"잘됐네." 앤이 얼른 말했다. "아홉 살이나 열 살밖에 안 된 아이들 사이에서 1등 하는 것도 별로 자랑스럽지 않았거든."

awf'ly = awfully   tease 놀리다   torment 괴롭히다

Q. 어떤 분야에서 1등을 하는 사람의 공통적인 특성은 무엇일까요?

○ 길버트는 아픈 아버지와 시골에 내려가 요양을 하는 3년 동안 학교에 다니지 못했다. 다시 에이번리로 돌아왔을 때 앤보다 두 살이 많았지만 같은 학년으로 만난다. 잘생긴 외모에 머리가 좋은 우등생으로 여학생들에게 인기가 많았고 학창 시절 내내 앤과 1~2등을 다투며 선의의 경쟁을 한다. 다이애나의 까만 머리를 보고 까마귀라고 놀리더니 앤의 빨간 머리에 '당근(홍당무)'이라고 놀리면서 유일하게 자신에게 관심이 없는 앤의 이목을 끌려고 하다가 증오의 대상이 된다. 하지만 앤에 대한 각별한 마음을 품게 되었고 《빨간 머리 앤》 후속편에서 결혼에 골인하며 사랑의 결실을 이룬다.

길버트의 놀림에 격노한 앤

Gilbert Blythe was trying to make Anne Shirley look at him and failing utterly. He **wasn't used to** putting himself out to make a girl look at him and meeting with failure. Gilbert reached across the aisle, picked up the end of Anne's long red braid, and said in a piercing whisper: 'Carrots! Carrots!'

Then Anne looked at him with a vengeance! She sprang to her feet.

'You mean, hateful boy! How dare you!' She exclaimed passionately. Then — Thwack! Anne had brought her slate down on Gilbert's head and cracked it — slate, not head — clear across.

● 부록 참조 (255p 〈구문 정리〉)

길버트 블라이드는 앤 셜리의 눈길을 끌려고 했지만 완전히 실패했다. 그는 여학생의 눈길을 끌려고 했다가 실패하는 일에 익숙하지 않았다. 길버트는 통로로 손을 뻗어 땋아서 길게 늘어뜨린 앤의 빨간 머리 끝을 잡고 날카로운 목소리로 속삭였다. "당근! 당근!"
그러자 앤은 무섭게 길버트를 노려보았다! 그리고 벌떡 일어났다.
"이 못된 녀석! 어떻게 그런 말을!" 앤이 부들부들 떨며 소리쳤다. 그리고 딱! 하는 소리가 났다. 앤이 길버트의 머리위로 서판을 내리쳐서 깨뜨린 것이었다. 머리가 아니라 서판이 완전히 깨졌다.

utterly 완전히   be use to V-ing V하는 데 익숙하다   aisle 복도, 통로   braid 땋은 머리
vengeance 복수, 앙갚음   spring to one' feet 벌떡 일어나다   passionately 격정적으로
slate 서판   crack 갈라지다, 깨지다

Q. 어떤 머리 스타일을 좋아하나요? 왜 그런가요?

용서할 수 없는 길버트

'Anne Shirley, what does this mean? Go and stand on the platform in front of the blackboard for the rest of the afternoon.' Mr Phillips said angrily. Mr Phillips took a chalk crayon and wrote on the blackboard above her head: 'Ann Shirley has a very bad temper. Ann Shirley must learn to control her temper,' and then read it out loud. Anne stood there the rest of the afternoon with that legend above her. She did not cry or hang her head. Anger was still too hot in her heart.

'I shall never forgive Gilbert Blythe,' said Anne firmly. 'And Mr Phillips spelled my name without an e too. The iron had entered into my soul, Diana.'

"앤 셜리, 이게 도대체 뭐하는 짓이야? 수업이 끝날 때까지 칠판 앞 단상에 가서 서 있어." 필립스 선생님은 화가 나서 말했다. 선생님은 분필을 들고 앤의 머리 위 칠판에 이렇게 썼다. "앤 셜리는 성질이 아주 나쁘다. 앤 셜리는 성질을 다스리는 법을 배워야 한다." 그런 뒤 쓴 문장을 소리 내서 읽었다. 앤은 오후 내내 그 글을 머리 위로 들고 서 있었다. 울거나 고개를 떨구지도 않았다. 앤의 마음 속에는 여전히 분노가 끓었다.
"절대 길버트 블라이드를 용서하지 않을 거야." 앤이 굳은 목소리로 말했다. "필립스 선생님도 철자 e를 빼고 내 이름을 썼어. 내 마음을 무쇠가 감쌌어, 다이애나."

platform 강단 blackboard 칠판 chalk crayon 분필 temper 성질, 울화통
out loud 소리내어 legend 전설

Q. 나에게 다듬어져야 하는 성격이나 습관이 있다면?

○ 앤은 빨간 머리 발언을 했다가 갈등을 일으켰던 레이첼 린드 부인과의 사건 이후 학교에서 동일한 상황을 겪는다. 빨간 머리를 당근이라고 놀렸던 길버트를 자신에 대한 공격으로 받아들여 서판까지 깨부술 정도로 격하게 반응한다. 앤의 흥분과 과잉 행동은 유년 시절의 아픔이나 불안의 발현일 수도 있다. 하지만 영민한 앤은 학교라는 공간에서 다양한 사람들과 부대끼면서 다듬어지지 않은 성격까지도 개선해가며 아이들에게 사랑받는 친구로 자리매김한다.

일이란 연달아 일어나기 마련이다

When things begin to happen they are apt to keep on. Avonlea scholars often spent noon hour picking gum in Mr Bell's spruce grove over the hill and across his big pasture field. All the boys and some of the girls went there as usual. They managed to reach the schoolhouse in time, but without a second to spare. Anne was latest of all. Mr Phillips looked about for a scapegoat and found it in Anne. 'Anne Shirley, since you seem to be so fond of the boys' company we shall indulge your taste for it this afternoon. Sit with Gilbert Blythe.' To Anne, this was as the end of all things. It was bad enough to be singled out for punishment from among a dozen equally guilty ones; it was worse still to be sent to sit with a boy; but that that boy should be Gilbert Blythe was **heaping insult to injury** to a degree utterly unbearable.

● 부록 참조 (255p 〈표현 정리〉)

일이란 일어나기 시작하면 연달아 일어나기 마련이다. 에이번리 학교의 학생들은 언덕 너머 초원에 펼쳐진 벨네 가문비나무 숲에서 자주 나무진을 땄다. 남학생들 전부와 여학생 몇 명은 평소처럼 그곳으로 갔다. 그들은 시간에 맞춰 겨우 학교로 돌아왔지만 아슬아슬했다. 앤이 가장 늦게 도착했다. 필립스 선생님은 본때를 보여줄 희생양을 찾아 둘러보다가 앤을 발견했다. "앤 셜리, 남학생들과 노는 걸 좋아하는 것 같으니 오후 내내 네가 원하는 걸 실컷 하게 해주마. 길버트 블라이드 옆에 가서 앉거라." 앤에게 모든 것이 끝나버린 듯했다. 똑같이 잘못을 한 10여 명의 학생들 가운데 혼자만 벌을 받는 것도 충분히 억울한데 남학생 옆에 앉는 것은 더 기분 나빴다. 그런데 그 남학생이 하필 길버트 블라이드라니 엎친 데 덮친 격의 참을 수 없는 모욕이었다.

Q. 좋지 않은 일을 연달아 겪은 경험이 있나요?

be apt to ~하는 경향이 있다　keep on 계속되다　gum 나무진, 잇몸　spruce 가분비 나무
grove 작은숲　pasture 초원　as usual 평상시처럼　manage to 겨우 ~하다
schoolhouse 교사(校舍)　spare 아끼다　scapegoat 희생양, 제물　company 함께 있음
indulge 마음껏하다, 충족하다　taste 기호　dozen 십여 개(12개짜리 한 묶음)　guilty 유죄의
heap 쌓다　insult 모욕　heaping insult to injury 설상가상

학교에 가지 않을 결심

Anne's mind was made up. She would not go to school to Mr Phillips again; she told Marilla so when she got home. Marilla took Mrs Rachel's advice and not another word was said to Anne about going back to school. Anne learned her lesson at home, did her chores, and played with Diana in the chilly purple autumn twilights; but when she met Gilbert Blythe on the road or encountered him in Sunday school she passed him by with an icy contempt that was no whit thawed by his evident desire to appease her. Anne had made up her mind to hate Gilbert Blythe to the end of life.

앤의 마음은 정해졌다. 필립스 선생님이 있는 학교에는 절대 가지 않을 것이다. 앤은 집으로 가서 마릴라에게 그렇게 말했다. 마릴라는 레이첼 부인의 조언을 받아들여 앤에게 학교에 가라는 말을 한마디도 하지 않았다. 앤은 집에서 공부하고 집안일을 했으며 쌀쌀한 자주빛 가을 노을 아래서 다이애나와 함께 놀았다. 하지만 길이나 교회 학교에서 길버트 블라이드를 만날 때면 앤과 화해하기를 바라는 길버트를 보고도 마음을 전혀 풀지 않고 차가운 경멸의 눈길로 지나쳤다. 앤은 평생 길버트 블라이드를 미워하기로 마음을 먹었다.

twilight 황혼, 땅거미　encounter 만나다　contempt 경멸　whit 조금　thaw 녹다, 풀리다　evident 분명한　appease 달래다

Q. 모두의 반대를 무릅쓰고 확고한 결심을 했던 순간이 있나요?

🔵 산업혁명으로 급속한 경제발전을 이루었던 빅토리아 시대는 여성에게 관대한 시기는 아니었다. 가정의 천사라는 역할을 위해 여자는 여자답게 행동해야 한다는 교육을 받던 시대였다. 그래서인지 꿈과 상상력을 주기 위해서 소녀들의 성장기를 다룬 가정 소설이 많았다. 미국 루이자 메이 올컷의 자전적 소설인 《작은 아씨들(1868)》과 루시 모드 몽고메리의 《빨간 머리 앤(1908)》이 대표적이다. 작가가 여성이며 소녀들을 주인공으로 한 시리즈물의 성장 소설이라는 공통점이 있다. 아동 문학 뿐만 아니라 제인 오스틴의 《오만과 편견》, 샬롯 브론테의 《제인에어》, 에밀리 브론테의 《폭풍의 언덕》 역시 빅토리아 시대가 낳은 명작 소설들이다.

다이애나에 대한 열정적인 사랑

As much as she hated Gilbert, however, did she love Diana, with all the love of her passionate little heart, equally intense in its likes and dislikes. One evening Marilla found Anne sitting alone by the east window in the twilight, crying bitterly.

'Whatever's the matter now, Anne?' she asked.

'It's about Diana. I love Diana. I cannot ever live without her. But I know very well when we grow up that Diana will get married and go away and leave me. Oh, what shall I do?' Anne broke down entirely and wept with increasing bitterness. Marilla burst into such a hearty and unusual peal of laughter.

'Anne Shirley. If you must borrow trouble borrow it handier home,' said Marilla.

그러나 길버트를 미워하는 만큼 앤은 열렬하게 다이애나를 사랑했다. 앤은 좋아하는 것도 싫어하는 것도 다 강렬했다. 어느 날 저녁, 마릴라는 앤이 땅거미 지는 동쪽 창가에 혼자 앉아 서럽게 울고 있는 것을 발견했다.
"무슨 일이야, 앤?" 마릴라가 물었다.
"다이애나 때문이에요. 전 다이애나가 너무 좋아요. 다이애나 없이는 살 수 없어요. 하지만 어른이 되면 분명히 다이애나는 결혼해서 절 떠날 거예요. 그러면, 어떻게 하죠?" 앤은 마음이 완전히 무너져서 더욱 서럽게 흐느꼈다. 마릴라는 평소와 달리 폭소를 터뜨렸다.
"앤 셜리. 사서 걱정을 해야 한다면 집에서 하는 게 낫긴 하구나." 마릴라가 말했다.

---

passionate 열정적인 intense 강렬한 likes and dislikes 호불호 bitterly 괴롭게
break down 무너지다 entirely 완전히 weep 흐느끼다 burst into laughter 웃음을 터뜨리다
hearty 진심 어린, 강한 unusual 평상시와 다른 peal 큰 소리 handy 가까운 곳에 있는

Q. 열정적으로 사랑하는 친구가 있나요?

○ 필로스는 에로스, 아가페와 함께 3가지 사랑을 이룬다. 아리스토텔레스가 말한 필로스(친구)는 '한 영혼을 나누어 가진 몸'이다. 파울로 코엘료의 《순례자》에서는 필로스에 대해서 이렇게 말하고 있다. "필로스는 우정의 형태로 나타나는 사랑이죠. 내가 당신과 다른 사람에게 느끼는 거예요. 에로스가 더는 그 불꽃을 피워 올리지 못할 때 결합된 커플을 유지시켜 주는 것이 바로 필로스랍니다." 앤과 다이애나가 나누는 필로스는 자매애 이상인 듯하다. 친구의 핵심은 관계의 밀도이다. 역사적으로 폄하되어 왔던 여성과 여성의 우정을 아름답게 그린 앤과 다이애나의 사랑은 지금 이 시대에도 여전히 경이로운 울림을 준다.

인생에 실수는 없다.
배움과 성장이 있을 뿐이다.
성장통 없는 성장이 없듯이
매 순간을 자신으로 가득 채워 살아낸 자는
온전한 경험을 통과한 후
성장이라는 열매를 맺게 된다.

나를 다른 누군가로 빚어가려고 하는 세상 속에서
오롯이 자기 자신으로 살아내려면
여기저기서 던지는 돌과
내면의 부딪침에 맞설 깡 몇 겹쯤은 둘러야 한다.
생의 길섶에서 결이 비슷한 사람들을 만나면
한결 더 가볍게 추억의 개수를 채워갈 수 있다.

"이제는 현명해질 가능성이 높아진 것 같아요! 새로운 교훈을 얻었거든요."

실수투성이 앤이 사건 사고 후, 한참을 울다가 내린 결론이다.
나이듦은 주름살의 개수만 늘어나는 쇠함이 아니다.
속이 꽉 들어찬 알곡으로 영글어가는 흥함도 있다.
시간의 자취 속에 성장의 입자가 만져지고
추억의 묶음으로 풍요로워지는 것이다.
추억은 시간과 함께 온다.

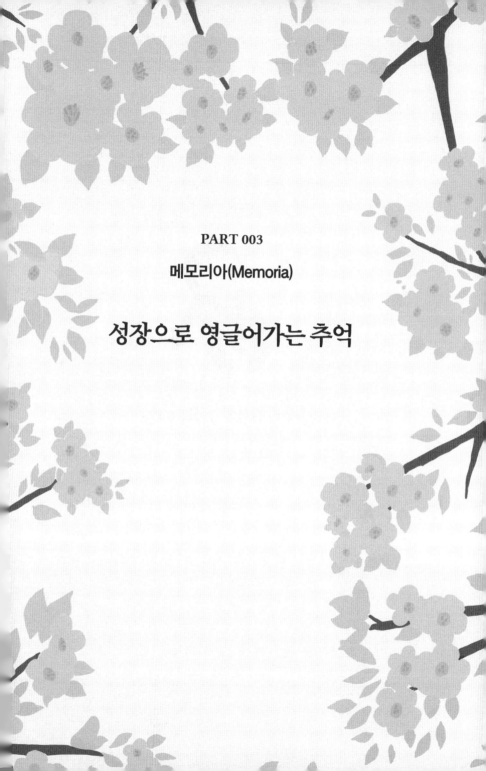

PART 003

메모리아(Memoria)

성장으로 영글어가는 추억

Part 003 : Story

앤은 다양한 사람들과의 만남을 통해 성장한다. 자신과 결이 비슷한 사람이라 손꼽는 매튜와 다이애나 외에도 좋은 사람들이 계속 앤의 세계로 들어온다. 조세핀 할머니, 앨런 사모님, 스테이시 선생님, 이들은 학교 안팎에서 앤이 영글어가도록 조력하며 함께 아름다운 추억을 지어간다. 물론, 앤은 실수투성이다. 다이애나에게 술을 먹이고, 한밤중에 조세핀 할머니의 침대를 덮치고, 앨런 사모님의 케이크에 진통제 물약을 넣고, 용마루에서 떨어져 발목 골절을 당하며, 집 앞 행상인에게 속아 머리를 온통 녹색으로 염색하는가 하면, 구멍 난 배에서 죽은 척 연기를 하다가 죽을 뻔하는 등 실수도 각양각색이다. 하지만 매번 자신 있게 "똑같은 실수를 저지르지는 않아요!"를 말하며 더 나아지기 위해서 노력한다. "좋은 사람들 옆에서 잘 자라지 못하면 제 잘못이죠!"라고 다짐하는 똑똑한 '성장'의 아이콘이 바로 앤이다. 앤의 시간은 실수와 성장으로, 단단한 추억으로 채워진다.

침실은 잠만 자는 곳이 아닌
꿈도 꿀 수 있는 곳

October was a beautiful month at Green Gables.

'I'm glad I live in a world where there are Octobers. It would be terrible if we just skipped from September to November, wouldn't it? Look at these maple branches. Don't they give you a thrill — several thrills? I'm going to decorate my room with them.'

'You clutter up your room entirely too much with out-of-doors stuff, Anne. Bedrooms were made to sleep in,' said Marilla.

'Oh, and dream in, too, Marilla. And you know one can dream so much better in a room where there are pretty things.'

그린게이블스의 10월은 아름다웠다.

"10월이 있는 세상에 살고 있어서 기뻐요. 9월에서 11월로 그냥 건너뛰면 너무 안타까울 것 같지 않나요? 이 단풍나무 가지를 보세요. 보기만 해도 떨리지 않나요? 그것도 여러 번 씩이나요. 이걸로 제 방을 장식해야겠어요."

"넌 밖에서 가져온 것들로 방을 너무 지저분하게 만들어, 앤. 침실은 잠을 자는 곳이야." 마릴라가 말했다.

"아, 침실은 꿈을 꾸는 곳이기도 해요, 마릴라 아주머니. 그리고 방에 예쁜 것들이 많으면 꿈도 훨씬 더 잘 꿀 수 있어요."

skip 뛰어넘다   maple branch 단풍나무 가지   decorate 장식하다
clutter up 지저분하게 하다

Q. 지금까지 꾼 꿈 중에 가장 기억나는 꿈(자다 꾸는 꿈, 희망의 꿈)이 있다면?

○ 캐나다는 세계적으로 유명한 메이플 로드(Maple Road)의 나라로, 잎이 국기(The Maple Leaf Flag)에도 그려져 있을 만큼 단풍과 밀접하게 연결되어 있다. 특히나 10월이 되면 가을 단풍이 절정을 이루고 토론토에서 퀘벡까지 800km 이상 뻗어 있는 단풍나무 길은 관광객들의 눈을 사로잡는다. 단풍나무의 진액인 메이플 시럽은 캐나다가 가장 유명한데 사탕단풍나무의 수액 생산량이 전 세계의 80%를 차지한다는 점에서 이상할 것이 없다.

앤의 집으로 초대받은 다이애나

'Anne, while I'm away, you can ask Diana to come over and spend the afternoon with you and have tea here. There's a bottle half-full of raspberry cordial on the second shelf of the sitting-room closet and you can have it if you like.'

Diana came over and the little girls spent most of the afternoon, sitting in a grassy corner of the orchard. Diana had much to tell Anne of what went on in school. Everybody missed Anne and wished she'd come to school again. Anne looked on the second floor of the room pantry, but there was no bottle of raspberry cordial there. Search revealed it away back on the top shelf. Anne put it on a tray and set it on the table with a tumbler.

'Now, please help yourself, Diana,' she said politely.

"앤, 내가 없는 동안 다이애나를 집에 불러서 놀다가 같이 저녁을 먹어도 돼. 라즈베리 음료 반 병이 거실 벽장 두 번째 선반에 있으니까 원하면 먹어도 돼."
다이애나가 놀러 왔고 두 소녀는 오후 내내 과수원의 풀밭에서 놀며 수다를 떨었다. 다이애나는 앤에게 들려줄 학교 이야기가 많았다. 모두가 앤을 보고 싶어 하고 다시 학교로 돌아오길 바란다. 앤은 식품실 두 번째 선반을 살펴봤지만 라즈베리 음료가 없었다. 더 찾아보니 선반 맨 위 안쪽에 있었다. 앤은 병을 쟁반에 담아 큰 잔과 함께 테이블 위에 놓았다.
"마음껏 드시죠, 다이애나." 앤이 예의를 차려 말했다.

have tea 저녁을 먹다   raspberry cordial 라즈베리 음료   sitting-room 거실
orchard 과수원   pantry 식료품 저장실   tumbler 큰 잔

Q. 우리 집에 1순위로 초대하여 대접하고 싶은 사람이 있나요?

○ 라즈베리 음료는 한국의 과일청과 비슷하며 물과 섞어 마실 수 있는 주스이다. 앤의 성장기 배경이 된 노바스코샤 주는 스코틀랜드인들이 많이 이주해서 살던 곳으로 작품 속에 등장하는 과일 주스, 레이어 케이크, 초콜릿 과자(캐러멜), 티 등 음식 문화가 모두 영국의 스코틀랜드계 이민자들로부터 나온 것이라 볼 수 있다. 실제로 작가의 조부모는 스코틀랜드 출신의 검소한 장로교 성도였다.

급작스러운 다이애나의 귀가

Diana was drinking her second glassful of cordial; She offered no particular objection to the drinking of a third. 'Why, Diana, what is the matter?'

'I'm — I'm awful sick,' she said. 'I — I — must go right home.'

'Oh, you mustn't dream of going home without your tea,' cried Anne in distress.

'Let me give you a lunch anyhow. I never heard of company going home without tea,' implored Anne.

'I'm awful dizzy,' said Diana. And indeed, she walked very dizzily. Anne, with tears of disappointment in her eyes, went with Diana as far as the Barry yard fence.

다이애나는 음료를 가득 따라 두 잔째 마시고 있었다. 특별히 사양하지 않고 세 번째 잔도 마셨다. "왜 그래, 다이애나. 무슨 일이야?"

"나… 속이 너무 안 좋아." 다이애나가 말했다. "나… 나… 집에 갈래."

"안 돼, 저녁도 안 먹고 집에 갈 생각은 하지 마." 앤이 괴로워하며 소리쳤다.

"당장 식사할 수 있게 해줄게. 손님이 저녁도 안 먹고 집에 간다는 말은 들어본 적이 없어." 앤이 애원했다.

"나 정말 어지러워." 다이애나가 말했다. 그리고 정말로 그녀는 비틀거리며 걸었다. 앤은 실망의 눈물을 흘리며 다이애나를 배리네 마당 울타리까지 배웅해주었다.

particular 특별한   objection 거절, 반대   in distress 괴롭게   implore 애원하다
dizzy 현기증 나는   fence 울타리

Q. 직접 기획해보았던 혹은 기획해보고 싶은 파티나 모임이 있나요?

○ 영국의 식민 지배를 받았던 캐나다는 여기저기 영국의 문화가 스며들어 있다. 1840년 이후, 영국에서는 점심과 저녁 식사 사이에 차와 함께 간단한 간식을 먹는 시간으로 애프터눈 티(Afternoon tea)라는 문화가 도입되었다. 이 다과 시간은 따뜻한 차와 함께 과일, 샌드위치, 스콘, 쿠키 등을 곁들이며 사교 모임의 하나로 자리 잡았다. 차 문화가 발달한 영국과 같이 캐나다 역시 차 시장 규모가 꾸준히 성장하고 있으며 매년 티 축제가 열릴 정도다.

화가 난 다이애나의 엄마

Monday afternoon Marilla sent Anne down to Mrs Lynde's on an errand. In a very short space of time Anne came flying back up the lane, with tears rolling down her cheeks.

'Mrs Lynde was up to see Mrs Barry today and Mrs Barry was in an awful state. She says that I set Diana drunk Saturday and sent her home in a disgraceful condition. And she says I must be a thoroughly bad, wicked girl and she's never, never going to let Diana play with me again,' she wailed.

● 부록 참조 (256p 〈어울리는 영시〉)

월요일 오후 마릴라는 앤을 린드 부인 댁으로 심부름을 보냈다. 앤은 금세 뺨 위로 눈물을 줄줄 흘리며 돌아왔다.
"린드 아주머니가 오늘 배리 아주머니 집에 들렀는데 배리 아주머니가 화가 잔뜩 나셨대요. 제가 토요일에 다이애나에게 술을 먹여서 다이애나를 술에 취한 상태로 집으로 보냈다고 말씀하셨대요. 그리고는 제가 정말 못되고 몹쓸 아이라고 하시며 다시는 다이애나와 놀지 못하게 하신대요." 앤은 통곡했다.

on an errand 심부름으로   state 상태   thoroughly 철저하게, 매우   wicked 사악한

Q. 뜻하지 않게 격분의 대상이 되어본 경험이 있나요?
이 경험을 통해 무엇을 배웠나요?

마릴라의 실수

Marilla stared in blank amazement. 'Set Diana drunk! What on earth did you give her?'

'Not a thing but raspberry cordial,' sobbed Anne.

Marilla marched to the sitting-room pantry. There on the shelf was a bottle which she at once recognized as one containing some of her three-year-old home-made currant wine. Marilla recollected that she put the bottle of raspberry cordial down in the cellar instead of in the pantry as she had told Anne.

마릴라는 기가 막혀서 빤히 앤을 바라보았다.
"다이애너를 취하게 만들었다고! 도대체 뭘 먹인 거니?"
"라즈베리 음료 말고는 아무것도 안 줬어요." 앤이 흐느꼈다.
마릴라는 거실 옆 식품실로 갔다. 선반 위에는 그녀가 집에서 만든 3년 된 산딸기 술병이 바로 보였다. 마릴라는 앤에게 말했던 것과 달리 라즈베리 음료를 식품실이 아닌 지하실에 두었다는 사실을 떠올렸다.

in blank amazement 기가 막혀서   at once 즉시   recognize 알아보다
currant 건포도 혹은 먹기 좋은 작은 과일   currant wine 산딸기 술
recollect 회상하다   cellar 지하실

Q. 놀라고 기가 막혀 말이 안 나왔던 경험이 있나요?

○ 'cellar'는 술(와인)이나 식품을 저장하는 서늘한 지하 공간으로 자연광이 들어오지 않도록 어둡게 만들어 놓은 곳이다. 와인 셀러와 같이 식품 저장에 특화된 전통성과 고풍스러운 매력이 있는 공간이다. 반면 'basement'는 식품 외에도 다른 물품들을 보관하거나 보일러, 온수기, 에어컨 시스템 등 유틸리티의 공간, 혹은 추가 생활공간으로도 활용되는 다목적성을 띈다.

다이애나와 마지막 작별 인사

'Your mother hasn't relented?' Anne gasped.

'No; she says I'm never to play with you again. I can say good-bye to you but I am only to stay ten minutes and she's timing me by the clock.'

'Oh, Diana, will you promise faithfully never to forget me?'

'Indeed and I'll never have another bosom friend. I couldn't love anybody as I love you.'

'I thought you liked me, but I never hoped you loved me. I'll always love **thee**, Diana. In the years to come **thy** memory will shine like a star over my lonely life,' said Anne.

● 부록 참조 (258p 〈영어의 고어체〉)

"너희 엄마는 마음이 풀리셨니?" 앤이 불안한 마음으로 물었다.
"아니. 다시는 너랑 놀지 말래. 너랑 작별 인사를 하러 왔는데 10분만 허락하셨고 지금 시계 옆에서 시간을 재고 계셔."
"오, 다이애나, 날 절대 잊지 않겠다고 약속해주겠니?"
"응, 약속할게. 다른 단짝 친구를 만들지 않을 거야. 너만큼 누구도 사랑할 수 없을 거야."
"네가 나를 좋아한다고 생각했지 날 사랑해줄 거라 바라진 않았어. 나도 널 영원히 사랑할 거야, 다이애나. 앞으로 너와 나눈 기억은 내 외로운 인생에 별처럼 반짝일 거야." 앤이 말했다.

relent 수그러들다   time 시간을 재다

140

Q. 작별의 경험은 인생에 어떤 의미를 남기나요?

환영을 받으며 학교로 돌아간 앤

'I'm going back to school,' she announced. 'That is **all there is left for me**, now that my friend has been ruthlessly torn from me. In school I can look at her and muse over days departed.' Anne was welcomed back to school with open arm. Her imagination had been solely missed in games, her voice in the singing, and her dramatic ability in the perusal aloud of books at dinner hour.

'It's so nice to be appreciated,' sighed Anne rapturously to Marilla that night.

● 부록 참조 (258p 〈구문 분석〉)

"학교에 갈래요." 앤이 말했다. "제 인생에 남은 건 그것뿐이에요. 친구와 가슴 아프게 헤어졌으니까요. 학교에 가면 다이애나를 볼 수 있고 옛일을 추억할 수 있을 거예요."
학교에 가자 친구들은 앤을 크게 반겨주었다. 아이들은 게임을 할 때 앤의 상상력을, 노래를 할 때 앤의 목소리를, 점심 시간에 책을 읽을 때 앤의 연기력을 그리워했던 것이다.
"사람들이 알아주는 건 참 기분 좋은 일 같아요." 그날 밤 앤은 마릴라에게 기쁨의 한숨을 쉬었다.

all there is 존재하는 모든 것   ruthlessly 무자비하게   torn 찢어진
muse over ~을 회상하다   solely 오직   perusal 정독
appreciate 인정하다, 진가를 알아보다   rapturously 황홀해하며

Q. 인생을 꼭 짜냈을 때 남는 것 한 가지는 무엇이라고 생각하나요?

말썽 없이 공부에 몰입하다

Marilla pessimistically expected more trouble since Anne had again begun to go to school. But none developed. She flung herself into her studies heart and soul, determined not to be **out-done** in any class by Gilbert Blythe. She was as intense in her hatreds as in her loves. By the end of the term Anne and Gilbert were both promoted into the fifth class.

'Geometry is perfectly awful stuff, Marilla. There is no scope for imagination in it at all. About Diana, it makes me very sad at times to think about her. But really, Marilla, one can't stay sad very long in such an interesting world, can one?'

● 부록 참조 (258p 〈접두어 out〉)

마릴라는 앤이 학교에 가기 시작한 이후로 말썽을 더 부리지 않을까 걱정했다. 하지만 아무 일도 없었다. 앤은 어떤 과목에서도 길버트 블라이드에게 뒤처지지 않기로 마음먹고 공부에 몰두했다. 앤은 누구를 미워할 때도 사랑할 때처럼 강렬했다. 학기 말에 앤과 길버트는 모두 5학년으로 올라갔다.

"기하학은 정말 괴로운 과목이에요, 마릴라. 상상의 영역이 전혀 없어요. 다이애나를 생각하면 가끔 너무 슬퍼요. 하지만 마릴라, 이렇게 세상이 너무 재미있는데 어떻게 오래 슬퍼할 수 있겠어요?"

pessimistically 비관적으로 fling oneself into ~에 몰두하다
outdo ~보다 잘하다 hatred 증오 promote 진급시키다, 승진시키다 geometry 기하학

Q. 무엇에 깊이 몰두해본 경험이 있나요?

오명을 벗을 절호의 기회

All things great are wound up with all things little. It was in January the Premier came, to address his loyal supporters. As Marilla took her chance to see a real live Premier, Anne and Matthew had the cheerful kitchen at Green Gables all to themselves. All of sudden, the kitchen door was flung open and in rushed Diana Barry, white-faced and breathless.

'Anne, do come quick,' implored Diana nervously, 'Minnie May is awful sick — she's got croup, and Father and Mother are away to town and there's nobody to go for the doctor.'

큰일은 모두 사소한 일로 끝난다. 총리가 자신의 열성 지지자들에게 연설하기 위해 1월에 방문했다. 마릴라가 총리를 직접 볼 기회를 누릴 때 앤과 매튜는 그린게이블스의 따뜻한 부엌에서 둘만의 시간을 보내고 있었다. 갑자기 부엌문이 열리더니 다이애나 배리가 얼굴이 하얗게 질린 채 숨을 헐떡이며 급히 들어왔다.

"앤, 빨리 와줘." 다이애나가 덜덜 떨며 애원했다. "미니 메이가 너무 아파. 인후염이라는데 아빠 엄마는 (총리를 보러) 집회에 가셔서 의사를 부르러 갈 사람이 없어."

---

wind up 결국 ~하다　premier 총리　address 연설하다　supporter 지지자
all of sudden 갑자기　breathless 숨을 헐떡거리며　croup 인후염

Q. 위기의 상황에서 누군가를 도와준, 혹은 도움을 받은 경험이 있나요?

○ 크루프는 급성폐쇄성후두염으로 유아들을 대상으로 겨울에 흔히 발생하는 바이러스성 질병이
다. 콧물, 기침, 열 등의 증상을 동반하며 심하면 정상적인 호흡이 곤란해진다.

능숙한 응급 처치

'Don't cry **Di**. I know exactly what to do for croup.'
The two little girls hastened out hand in hand. Anne was far from being insensible to the romance of the situation and to the sweetness of once more sharing that romance with a kindred spirit. Minnie May, aged three, lay on the kitchen sofa, feverish and restless.
'First we must have lots of hot water. I'll undress Minnie May and put her to bed, and you try to find some soft flannel cloths, Diana. I'm going to give her a dose of ipecac first of all.'

● 부록 참조 (259p 〈영어 이름 줄임말〉)

"울지 마, 다이애나. 나는 인후염 환자를 돌보는 방법을 알아." 두 아이는 함께 손을 잡고 서둘러 나갔다. 앤은 그 상황이 얼마나 로맨틱한지, 결이 같은 친구와 그 로맨틱함을 다시 나누는 일이 얼마나 달콤한지 느끼지 않을 수 없었다. 이제 겨우 세 살인 미니 메이는 열이 펄펄 끓으며 제대로 잠들지도 못하고 불안정한 상태로 부엌 소파에 누워 있었다.
"우선 뜨거운 물이 많이 필요해. 내가 미니 메이의 옷을 벗겨서 침대에 눕힐 테니까 다이애나 너는 부드러운 플란넬 옷을 찾아봐. 나는 토근 시럽부터 먹일게."

far from 결코 ~하지 않는   insensible to ~을 감지하지 못하는   feverish 열이 펄펄나는
restless 불안정한   undress 옷을 벗기다   flannel cloth 플란넬 옷   dose 복용량
ipecac 토근

Q. 힘들 때 가장 위로가 되는 말은 무엇인가요?

○ 토근시럽은 거담제 및 속효성 구토제로 사용되는 약물로, 소아가 독극 물질을 삼켰을 경우 구토를 유발하여 뱉어내기 위한 비상 상비약으로 권고되고 있다.

미니 메이를 살려낸 앤

It was three o'clock when matthew came with the doctor. But the pressing need for assistance was past. Minnie May was much better and was sleeping soundly.

'I was awfully near giving up in despair,' explained Anne. 'I gave Minnie May every drop of ipecac in that bottle, and when the last dose went down I said to myself. "This is the last lingering hope and I fear." 'tis a vain one. But in about three minutes she coughed up the phlegm and began to get better right away. You must just imagine my relief, doctor, because I can't express it in words. You know there are some things that cannot be expressed in words.'

매튜가 의사를 데리고 온 것은 3시가 다 되어서였다. 그러나 위급한 상황은 이미 지나갔다. 미니 메이는 상태가 훨씬 나아져서 곤히 자고 있었다.
"전 절망에 빠져 거의 포기할 뻔했어요." 앤이 설명했다. "병에 있는 토근 시럽을 다 먹였거든요. 마지막 남은 약을 먹일 때 혼자 생각했어요. '이게 마지막 남은 희망인데 헛될까 두렵구나.'라고요. 하지만 3분쯤 지나서 아이가 가래를 뱉어냈고 바로 좋아지기 시작했어요. 얼마나 안도했는지 선생님이 상상해보세요. 왜냐하면 말로 표현할 수는 없으니까요. 말로 표현할 수 없는 것들이 있잖아요."

pressing 긴급한　need for ~의 필요　assistance 도움　in despair 절망하여
lingering 머무는　'tis = it is　vain 헛된　cough up 기침으로 뱉어내다　phlegm 가래

Q. 가장 좋아하는 표현, 문구, 단어, 명언이 있다면 무엇인가요?

앤을 경이롭다 칭찬한 의사

'Yes, I know,' nodded the doctor. He looked at Anne as if he were thinking some things about her that couldn't be expressed in words. Later on, however, the doctor expressed them to Mr and Mrs Barry.

'I tell you that little red-headed girl saved that baby's life, for it would have been too late by the time I got here. She seems to have a skill and presence of mind perfectly wonderful in a child of her age. I never saw anything like the eyes of her when she was explaining the case out to me.'

"그래, 안다." 의사가 고개를 끄덕였다. 그는 말로 표현할 수 없는 무언가를 생각하고 있는 듯 앤을 바라보았다. 그러나 후에 의사는 배리 부부에게 그 생각을 말했다.
"그 빨간 머리 소녀가 저 아이의 생명을 구했다고 볼 수 있어요. 제가 올 때까지 기다렸다면 너무 늦었을 거예요. 그 나이대 아이로서는 상황 처리 능력과 침착한 태도가 거의 완벽할 만큼이나 훌륭했어요. 저에게 상황을 설명하는 아이의 그런 눈빛을 어디에서도 본 적이 없어요."

nod 고개를 끄덕이다   presence of mind 침착성

Q. 뛰어난 위기관리능력을 가진 사람들은 어떤 공통점을 가지고 있나요?

○ 위기관리능력을 영어로 'risk management skill'이라고 한다. 위기 상황에서 대처하는 능력은 급변하는 미래의 4차 혁명 시대에 가장 중요한 업무 능력 1위로 꼽힌다. 진정한 리더십의 진가는 위기의 상황에서 빛난다. 급박한 상황에서 바른 판단력으로 신속하게 대안을 찾는 것은 중요한 능력이다. 위기를 통해 상황을 180도로 바꾸는 전화위복을 경험한 앤은 이 시대에도 필요한 자질을 뽐낸다.

과거의 힘든 경험이 도움이 되다니

Anne had gone home in wonderful, white-frosted winter morning with Matthew.

'Oh, Matthew, isn't it a wonderful morning? The world looks like something God had just imagined for His own pleasure, doesn't it? Those trees look as if I could blow them away with a breath — pouf! I'm so glad I live in a world where there are white frosts, aren't you? And I'm so glad Mrs Hammond had three pairs of twins after all. If she hadn't I mightn't have known what to do for Minnie May. I'm real sorry I was ever cross with Mrs Hammond for having twins. But, oh, Matthew I'm so sleepy. I can't go to school.'

앤은 서리가 하얗게 내린 겨울 아침 속을 매튜와 함께 걸어서 집으로 돌아갔다.
"오, 매튜 아저씨, 정말 멋진 아침이지 않나요? 세상은 하나님이 자신의 즐거움을 위해 상상해낸 것 같아요. 저 나무들은 한숨이면 날아가버릴 것 같아요. 후! 하얀 서리가 내리는 세상에 살고 있어서 정말 기뻐요. 해먼드 부인이 세 쌍둥이를 세 번 낳았던 것이 결국 저에게 좋은 일이었어요. 그렇지 않았다면 전 미니 메이를 위해 뭘 해야 할지 몰랐을 거예요. 쌍둥이를 자꾸 낳는다고 해먼드 아주머니께 화를 냈던 것이 정말 미안해져요. 그런데 매튜 아저씨, 너무 졸려서 학교에 갈 수 없을 것 같아요."

frost 서리

Q. 쓸모 없을 거라 생각했던 과거의 경험이 큰 도움이 되었던 적이 있나요?

다이애나와 재회

'Mrs Barry was here this afternoon while you were asleep. She says you saved Minnie May's life, and she is very sorry she acted as she did in that affair of the currant wine. She hopes you'll forgive her and be good friends with Diana again. You're to go over this evening if you like,' Marilla said.

'Oh, Marilla, can I go right now?'

Anne came dancing home in the purple winter twilight across the snowy places.

'I am perfectly happy, Marilla — yes, in spite of my red hair. Just at present I have a soul above red hair. Diana and I had a lovely afternoon.'

"배리 부인이 네가 자고 있는 동안 오늘 오후에 다녀갔어. 네가 미니 메이의 생명을 구했다고 그리고 지난번 산딸기 술로 너한테 그렇게 한 게 너무 미안하다고 말하더구나. 자기를 용서하고 다이애나와 다시 좋은 친구가 되어주길 바란대. 네가 원하면 오늘 저녁에 그 집에 가도 돼." 마릴라가 말했다.
"어머, 마릴라 아주머니, 지금 당장 가도 될까요?"
앤은 자주빛 겨울 석양이 걸린 눈 덮인 들판을 가로질러 춤을 추며 돌아왔다.
"저는 완벽하게 행복해요, 마릴라 아주머니. 비록, 빨간 머리지만 말이에요. 지금 제 영혼은 빨간 머리를 초월했어요. 다이애나와 저는 오후 내내 정말 즐거운 시간을 보냈어요."

currant wine 산딸기 술   in spite of ~에도 불구하고

Q. 가장 가보고 싶은 곳은 어디인가요?

매튜의 도움으로 마릴라를 설득하다

'Diana has only one birthday in a year. It isn't as if birthdays were common things, Marilla. Her cousins are going to take Diana and me to the Debating Club concert on her birthday. Please, mayn't I go, Marilla?'

'You are not going. You heard what I said, Anne, didn't you?' / 'I think you ought to let Anne go, Marilla,' repeated Matthew firmly.

'Very well, she can go, since nothing else'll please you.' Anne flew out of the pantry, dripping dish-cloth in hand. / 'You're dripping greasy water all over the floor. I never saw such a careless child.' / 'I make so many mistakes. But then just think of all the mistakes I don't make. Matthew understands me, and it's so nice to be understood, Marilla.'

"다이애나의 생일은 1년에 딱 한 번뿐이에요. 생일이 흔한 일은 아니잖아요, 마릴라 아주머니. 다이애나의 사촌들이 다이애나와 저를 생일날 토론 클럽 음악회에 데려간대요. 제발, 보내주시면 안 될까요, 마릴라 아주머니?"
"안 돼. 넌 거기 안 갈 거야. 내 말 못들었니, 앤?" / "마릴라, 내 생각엔 앤을 보내주는 게 좋을 것 같아." 매튜가 물러서지 않고 반복하여 말했다.
"좋아, 보내 그럼. 다른 걸로 오빠를 기쁘게 할 수는 없으니."
앤은 손에 물이 뚝뚝 떨어지는 행주를 들고 식품실에서 튀어 나왔다. / "너 지금 바닥 여기저기에 더러운 물을 뚝뚝 떨어뜨리고 있잖아. 너처럼 조심성 없는 애를 본 적이 없구나." / "제가 실수투성이인 거 알아요. 하지만 하지 않는 실수도 있다는 것을 알아주세요. 매튜 아저씨는 절 이해해주세요. 이해받는 건 정말 기분 좋은 일이에요, 마릴라 아주머니."

firmly 확고하게   drip 뚝뚝 흐르다   dish-cloth 행주   greasy 기름기 많이 묻은
careless 부주의한

Q. 모두가 반대할 때 나를 끝까지 지지해주었던 누군가와의 따뜻한 기억이 있나요?

○ 매튜는 앤을 처음 본 순간부터 그녀의 편에 서준 든든한 지원군이었다. 자신을 도와 농장 일을 해야 할 남자아이를 얻지 못하는 부담을 안아야 했지만 앤의 입양에 적극적인 입장을 보였다. 앤의 이야기를 언제나 귀담아 들어주며 그녀가 좋아하는 초콜릿 과자(캐러멜)과 퍼프 소매가 달린 예쁜 드레스를 사주는 등 앤의 기쁨을 위해 마음을 써준다. 앤이 하고 싶은 것을 반대하는 마릴라를 압박하여 기어이 아이가 원하는 것을 할 수 있도록 조력해주는 깊은 아버지의 사랑을 보여준 인물이라고 할 수 있다.

조세핀 할머니와 민망한 첫 만남

The programme that night was a series of 'thrill'. As Anne assured Diana, every succeeding thrill was thrillier than the last. It was eleven when they got home. Everybody seemed asleep and the house was dark and silent. Anne and Diana tiptoed into the parlour, a long narrow room out of which the spare room opened. 'Let's undress here,' said Diana.

'Are you ready for bed? Let's run a race and see who'll get to the bed first.'

They flew down the long room, and bound on the bed at the same time. Something moved beneath them, and somebody said in muffled accent;

'Merciful goodness!'

그날 밤 음악회 프로그램은 '짜릿한 떨림'의 연속이었다. 앤이 다이애나에게 장담했듯이 떨림은 공연이 진행될수록 더 커졌다. 그들은 11시나 되어서야 집에 돌아왔다. 모두가 잠든 것 같았고 집은 어둡고 조용했다. 앤과 다이애나는 발끝으로 응접실을 걸어 들어갔고 길고 좁은 응접실을 지나 손님방이 있었다. "여기서 옷을 벗자." 다이애나가 말했다.
"잘 준비는 됐니? 침대까지 누가 먼저 가나 경주하자."
그들은 긴 방을 달려 손님방의 침대에 동시에 뛰어들었다. 밑에서 무언가가 꿈틀거렸고 누군가 이불에서 막힌 목소리로 소리쳤다.
"이게 대체 뭐야!"

assure 장담하다, 확언하다   succeeding thrill 연속되는 떨림   tiptoe 발끝으로 걷다
parlour 응접실   spare room 손님방   muffle (소리를) 죽이다

Q. 실수로 당황했던 경험이 있나요?

조세핀 할머니의 분노

'Oh, who was it — what was it?' whispered Anne, her teeth chattering with cold and fright.

'It was Aunt Josephine. She's Father's aunt and she lives in Charlottetown. She's awfully old and we were expecting her out for a visit, but not so soon,' said Diana.

Old Miss Barry came out to stay for a month, but she declared she wouldn't stay another day. She had promised to pay for a quarter's music lessons for Diana, but now she is determined to do nothing at all for such a tomboy.

"아, 도대체 누구였어? 뭐였어?" 앤이 추위와 공포로 이를 딱딱 부딪치며 속삭였다.
"조세핀 할머니야. 아버지의 고모인데 샬럿타운에 살고 계셔. 나이가 아주 많으셔. 할머니가 오신다는 걸 알고 있었지만 이렇게 빨리 오실 줄은 몰랐어." 다이애나가 말했다.
조세핀 배리 할머니는 한 달 동안 머물다 가려 했으나 하루도 더 있기 싫다고 했다. 원래 다이애나의 음악 수업비를 석 달 동안 대주시기로 했는데 이제 그런 말괄량이에게 아무것도 해주지 않겠다고 단단히 마음먹었다.

chatter 딱딱 맞부딪치다   fright 두려움   declare 선언하다   quarter 분기(석 달)
determined 단단히 결심한   tomboy 말괄량이

Q. 나의 할머니와 어떤 추억이 있나요?

● 샬럿타운은 프린스 에드워드 아일랜드의 주도로 섬의 중부에 위치해 있다. 영국 문화의 영향을 크게 받은 작은 도시로 캐번디시 국립공원에는 앤의 집을 재현해 놓은 그린게이블스가 있다.

조세핀 할머니께 사과하는 앤

'I've come to confess that it was all my fault about jumping into bed on you last night. I suggested it. So you must see how unjust it is to blame Diana,' said Anne tremulously. / 'You don't know what it is to be awakened out of a sound sleep, after a long and arduous journey,' said Miss Josephine Barry severely. 'I don't know, but I can imagine. I'm sure it must have been very disturbing. But have you any imagination, Miss Barry? If you have, just put yourself in our place. We didn't know there was anybody in that bed and you nearly scared us to death. Just imagine what you would feel like if you were a little orphan girl who had never had such an honour of sleepig in the spare room,' said Anne eagerly.

"어젯밤에 할머니 침대에 뛰어든 것은 모두 제 잘못이란 걸 고백하러 왔어요. 제가 그렇게 하자고 했어요. 그러니 다이애나에게 뭐라고 하시는 건 잘못된 일이에요." 앤이 떨리는 목소리로 말했다. / "멀고 고된 길을 와서 곤히 잠들었다가 깬다는 게 어떤 것인지 너는 모르겠지." 조세핀 할머니가 엄격하게 말했다.
"모르기는 하지만 상상은 할 수 있어요. 정말 짜증날 거예요. 하지만 할머니도 상상력이 있으시죠? 있으시면 저희 입장에서 생각해 봐주세요. 저희는 침대에 누군가가 있다는 걸 몰라서 정말 까무러칠 뻔했어요. 손님방에서 잘 수 있는 대접을 받아본 적이 없는 고아의 심정을 상상해 봐주세요." 앤이 열심히 답했다.

---

unjust 부당한   tremulously 겁많게, 떨려서   awaken 깨우다   sound sleep 숙면
arduous 고된   severely 엄하게   disturbing 짜증나는

Q. 어떤 모습으로 나이 들고 싶나요? 이상적으로 생각하는 어르신의 모습이 있나요?

○ 다이애나의 고모 할머니인 조세핀 할머니는 샬럿타운에 사는 부자다. 무섭고 엄한 성격의 소유자로 다이애나의 집에 방문했다가 침대로 뛰어든 두 소녀와의 첫 만남을 분노와 불쾌감으로 시작했다. 하지만 이 사건을 계기로 앤의 상상력에 매료되어 둘은 서로 결이 잘 맞는 친밀한 관계로 발전한다. 크리스마스 선물로 고급 양가죽 구두를 보내주어서 앤이 매튜가 사준 퍼프 소매의 드레스에 맞춰 신고 음악회의 시낭송을 멋지게 수행할 수 있도록 해준다. 샬럿타운의 대저택으로 앤과 다이애나를 초대하여 나흘간 행복한 시간을 함께하고, 앤이 퀸스 아카데미에 입학했을 때도 좋은 하숙집을 소개해주는, 앤의 인생에 숨은 조력자가 된다.

결이 같은 사람을 만난 기쁨

'I've made up my mind to stay simply for the sake of getting better acquainted with that Anne-girl', she said frankly. 'She amuses me, and at my time of life an amusing girl is a rarity.'

Anne kept Miss Barry in a good humor and they became firm friends.

'Miss Barry was a kindred spirit, after all,' Anne confided to Marilla. 'You don't find it right out at first, but after a while you come to see it. Kindred spirits are not so scarce as I used to think. It's splendid to find out there are so many of them in the world.'

"나는 앤이라는 애와 더 친해지려고 더 머물기로 결정했다." 조세핀 할머니가 솔직하게 말했다. "그 아이는 날 즐겁게 해주거든. 내 나이에 재있는 아이를 만나기 쉽지 않아."
앤은 계속 조세핀 할머니를 즐겁게 해주었고 그들은 친한 사이가 되었다.
"조세핀 할머니는 결국 저랑 결이 같은 사람이었어요." 앤이 마릴라에게 털어놓았다. "처음에는 바로 알기 힘들어요. 그런데 시간이 좀 지나면 알게 돼요. 결이 같은 사람이 예전에 생각했던 것만큼 드물진 않네요. 세상에 그런 사람들이 이렇게 많다니 정말 멋진 일이에요."

be acquainted with ~을 알게 되다   frankly 솔직하게   amuse ~을 즐겁게 하다
rarity 진귀한 것, 희귀한 것   scarce 부족한

Q. 학창시절 혹은 그 이후에 만난, 나와 결이 맞는 사람을 소개한다면?

앨런 사모님에 대한 애정

'There is nothing but meetings and partings in this world, as Mrs Lynde says,' remarked Anne plaintively. We met the new minister and his wife coming from the station. For all I was feeling so bad about Mr Phillips going away I couldn't help taking a little interest in a new minister(Mr Allan), could I? His wife(Mrs Allan) is very pretty.' Avonlea opened its heart to them from the start. With Mrs Allan, Anne felt promptly and wholeheartedly in love. She had discovered another kindred spirit.

"린드 아주머니가 말씀하신 것처럼 이 세상에는 만남과 이별밖에 없어요." 앤이 애처롭게 말했다. "우리는 기차역에서 새로 오는 목사님 부부를 만났어요. 필립스 선생님이 떠나시는 슬픔 속에서도 새 목사님(앨런)께 흥미를 느끼지 않을 수 없었어요. 목사님 부인은 매우 아름다우셨어요." 에이번리는 처음부터 목사 부부를 따뜻하게 맞아주었다. 금세 앤은 앨런 사모님을 전심으로 사랑하게 되었다. 앤은 사모님이 결이 같은 사람이라고 생각했다.

meetings and partings 만남과 이별   plaintively 하소연하듯, 애처롭게   minister 목사
for all ~에도 불구하고   take interest in ~에 관심을 갖다   promptly 즉시
wholeheartedly 전심으로

Q. 내 인생의 롤모델은 누구인가요?

○ 에이번리에 새로 부임해온 목사의 아내 앨런 사모님은 앤이 동경하는 대상이다. 그녀는 젊고 얼굴도 예쁘며 교회 학교 아이들을 현명하게 잘 가르치고 돌보아 마을 사람들의 사랑을 받는다. 앤은 한눈에 자기와 결이 같아 좋아하게 된 사람으로 매튜와 앨런 사모님을 꼽는다. 기하학을 어려워하는 앤에게 앨런 사모님도 기하학에 둔재였단 사실은 큰 위로가 되었다. 그녀는 앤이 다쳐서 학교에 못 갔을 때도 열네 번이나 문병을 올 정도로 앤에게 마음을 써주고 선한 영향력을 행사하며 삶의 모델이 되어준다.

앨런 사모님의 미소

'I suppose we must have Mr and Mrs Allan up to tea some day soon.'

'Oh, Marilla, would you let me make a cake for the occasion? I'd love to do something for Mrs Allan, and you know I can make a pretty good cake by this time.'

'You can make a layer cake,' promised Marilla.

When the minister and his wife sat down to the table, decorated by Anne with abundance of roses and ferns, they exclaimed in chorus over its loveliness. Anne felt that Mrs Allan's approving smile was almost too much happiness for this world.

"조만간 목사님 부부를 저녁 식사에 모셔야겠어."
"어머, 마릴라 아주머니, 그날 제가 케이크를 만들어도 되나요? 앨런 사모님을 위해 뭔가를 하고 싶어요. 아시다시피 제가 이제 꽤 케이크를 잘 만들잖아요."
"레이어 케이크를 만들어보렴." 마릴라가 허락해주기로 약속했다.
목사님 부부가 앤이 장미와 고사리로 잔뜩 장식한 테이블에 앉았을 때, 식탁의 아름다움에 대해 한 목소리로 감탄했다. 앨런 사모님의 만족스러운 미소에 앤은 이 세상에서 느낄 수 없을 만큼의 행복을 느꼈다.

fern 고사리   occasion 행사   layer cake 레이어 케이크   decorate 장식하다
abundance 풍부함   in chorus 입을 모아   loveliness 아름다움
approving 만족스러운, 좋다고 느끼는

Q. 누군가를 위해 자신 있게 만들어줄 수 있는 요리가 있나요?

○ 레이어 케이크는 명칭에서 알 수 있듯이 겹겹이 크림이나 잼을 넣은 샌드위치형 케이크를 일컫는다. 감기에 걸린 앤이 냄새를 맡을 수 없어서 향료(바닐라) 대신 진통제를 넣는 바람에 진통제 케이크라는 별명을 얻었다.

케이크에 진통제 물약을 넣은 실수

All went merry as a marriage bell until Anne's layer cake was passed. Mrs Allan took a mouthful of hers and a most peculiar expression crossed her face; not a word did she say, however, but steadily ate away at it. Marilla saw the expression and hastened to taste the cake. / 'Anne Shirley!' she exclaimed. 'What on earth did you put into that cake?' / 'Nothing but what the recipe said, Marilla,' cried Anne with a look of anguish. / 'What flavoring did you use?' / 'Vanilla,' said Anne, her face scarlet with mortification after tasting the cake. / 'Mercy on us, Anne, you've flavoured that cake with anodyne liniment. I broke the liniment bottle last week and poured what was left into an odd empty vanilla bottle.'

앤이 만든 레이어 케이크가 나오기 전까지 모든 것이 즐거웠다. 앨런 부인이 케이크 한 입을 넣었을 때 아주 기이한 표정이 얼굴을 스쳐 지나갔다. 하지만 아무 말도 하지 않고 천천히 먹었다. 마릴라는 그 표정을 보고 얼른 케이크를 맛보았다. / "앤 설리!" 마릴라가 소리쳤다. "도대체 케이크에 뭘 넣은 거니?" / "요리법에 적힌 것만 넣었어요, 마릴라 아주머니." 앤이 낙심한 표정으로 외쳤다. / "무슨 향료를 넣었니?" / "바닐라요." 앤은 케이크를 먹어보고는 부끄러워 얼굴이 빨개진 채 말했다. / "맙소사, 앤, 너 케이크에 진통제 물약을 넣은 거야. 지난주에 약병을 깨뜨리는 바람에 빈 바닐라 병에 담아 두었거든."

merry 즐거운   marriage bell (교회의) 결혼식을 알리는 종소리   peculiar 기이한
(facial) expression 표정   recipe 요리법   anguish 고통, 괴로움   flavoring 향료
scarlet 다홍색, 새빨간 색   mortification 수치심   anodyne liniment 진통제 물약

Q. 경험해본 요리 중 최악의 음식은 무엇인가요?

○ 바이런의 시 〈The Eve Of Waterloo〉에 나온 표현으로 'all went merry as a marriage bell'은 '결혼식 때 교회에서 치는 벨소리를 듣는 것처럼 행복한 순간'을 묘사하는 표현이다.

진심으로 앤을 위로하는 앨런 사모님

Anne fled to the gable chamber, where she cast herself on the bed and wept as one who refuses to be comforted. / 'My dear little girl, it's all just a funny mistake that anybody might make,' Mrs Allan said, genuinely disturbed by Anne's tragic face.

'Oh, no, it takes me to make such a mistake,' said Anne. 'And I wanted to have that cake so nice for you, Mrs Allan.'

'Yes, I know, dear. And I assure you I appreciate your kindness and thoughtfulness just as much as if it had turned out all right. Now, you mustn't cry any more, but come down with me and show me your flower garden.'

앤은 다락방으로 올라가 침대 위로 몸을 던지고 위로받을 수 없는 사람처럼 울었다. / "앤, 그건 누구나 저지를 수 있는 우스운 실수야." 앨런 부인은 앤의 비통한 얼굴에 매우 당황하며 말했다.

"흑흑, 아니에요. 이런 실수를 하는 애는 저밖에 없어요." 앤이 말했다. "그리고 사모님께 정말 맛있는 케이크를 만들어 드리고 싶었어요."

"그래, 나도 알아, 분명히 말하는데 케이크가 잘 만들어졌을 때랑 똑같이 너의 따뜻한 마음씨와 배려에 고마움을 느낀단다. 이제 그만 울고 함께 내려가서 너희 집 꽃밭을 구경시켜 주렴."

---

comfort 위로하다   genuinely 진심으로, 매우   disturbed 당황한, 고통스러운
tragic 비극의   appreciate 고마워하다   thoughtfulness 사려깊음, 배려

Q. 실수가 오히려 행운이 되었던 경험이 있나요?

내일은 아직 아무 실수도 저지르지 않은 새로운 날

'Marilla, isn't it nice to think that tomorrow is a new day with no mistakes in it yet?'

'I'll warrant you'll make plenty in it,' said Marilla.

'But have you ever noticed one encouraging thing about me, Marilla? I never make the same mistake twice.'

'I don't know as that's much benefit when you're always making new ones.'

'There must be a limit to the mistakes one person can make, and when I get to the end of them, then I'll be through with them. That's a very comforting thought.'

"마릴라 아주머니, 내일은 아직 아무 실수도 저지르지 않은 새로운 날이라고 생각하면 기분 좋지 않나요?"
"내가 장담컨대 넌 또 많은 실수를 할 거야." 마릴라가 말했다.
"그래도 저에게 좋은 점도 있다는 거 아세요, 아주머니? 전 같은 실수를 두 번 저지르지는 않아요."
"늘 새로운 실수를 저지르는 상황에서 그게 그렇게 장점인지는 모르겠구나."
"사람이 저지를 수 있는 실수에는 분명 한계가 있을 거예요. 그러니 실수를 다 저지르게 될 때쯤 벗어나게 되겠죠. 그렇게 생각하니 정말 위안이 돼요."

encouraging 힘이 나는   benefit 유익, 이익   be through with ~를 끝내다

Q. 실수가 일어나지 않은 깨끗한 내일, 해보고 싶은 일이 있다면 무엇인가요?

○ 앤은 긍정의 아이콘이다. 피그말리온 효과(Pygmalion effect)를 잘 이용하고 있는 느낌이다. 피그말리온 효과는 사람의 믿음과 기대가 그대로 실현되는 현상을 일컫는다. 그리스 신화에서 키프로스의 왕 피그말리온은 평생 독신으로 살 것을 결심한다. 결점이 많은 여성들로 인한 결심이었지만 외로움 때문에 완벽한 아름다움을 가진 여인을 조각하여 함께 지내기로 하였다. 그는 조각상을 마치 자신의 아내인 것처럼 대하며 온갖 정성을 다하였다. 어느 날 대답 없는 조각상에 아쉬워하던 피그말리온은 신들에게 조각상과 같은 여인을 아내로 맞이할 수 있도록 해달라고 기원했고, 피그말리온의 사랑에 감동한 아프로디테는 조각상에 생명을 불어넣어 피그말리온의 꿈을 이루어주었다. 피그말리온 효과는 교육학에 로젠탈 효과(Rosenthal effect)로 알려졌는데 학생들을 대상으로 한 실험으로도 그 효과가 입증되었다.

명예를 위해 자청한 위험

Daring was the fashionable amusement among the Avonlea small fry just then. Anne dared Josie to walk along the top of the board fence which bounded the garden to the east. She walked the Barry fence with an airy unconcern.

'I don't think it's such a very wonderful thing to walk a little, low, board fence,' Anne said.

'Then, I dare you to walk the ridge-pole of Mr Barry's kitchen roof,' said Josie defiantly.

'Don't do it, Anne,' entreated Diana. 'You'll fall off and be killed.'

'I must do it. My honour is at stake,' said Anne solemnly.

도전 걸기는 당시 에이번리 아이들 사이에서 유행하는 놀이었다. 앤은 조시에게 정원 동쪽의 나무 울타리 위를 걸어보라고 도전을 걸었다. 조시는 대수롭지 않게 배리네 정원 울타리를 따라 걸었다.
"약간 낮은 울타리를 걷는 건 그리 대단한 일이 아닌 것 같아." 앤이 말했다.
"그럼 배리네 부엌 지붕의 용마루를 걸어봐." 조시가 대들 듯 도전을 걸었다.
"하지 마, 앤." 다이애나가 말렸다. "너 떨어져 죽을지도 몰라."
"아니야, 꼭 해야 해. 내 명예가 걸린 일이야." 앤이 엄숙하게 말했다.

daring 도전 걸기   small fry 어린 아이들   airy 대수롭지 않은   unconcern 무심
ridge-pole 용마루   defiantly 반항적으로   entreat 간청하다   at stake ~가 걸려 있는

Q. 무모한 도전으로 성공, 혹은 실패해 본 경험이 있나요?

○ 'ridge-pole'은 지붕 가운데 부분에 고정되어 있는 나무를 뜻하는데 요즘은 텐트 윗면의 수
평 막대를 지칭하는 데 사용된다.

Day 75

앤, 세상에 어떤 것보다 소중한 존재

Anne climbed the ladder amid breathless silence. She managed to take several steps before the catastrophe came. Then she swayed, lost her balance, stumbled, staggered and fell. / 'Anne, are you killed?' shrieked Diana, throwing herself on her knee beside her friend. 'No, Diana, I am not killed, but I think I am rendered unconscious. My ankle,' gasped Anne.

Marilla saw Mr Barry carried Anne in his arms, whose head lay limply against his shoulder. At that moment Marilla had a revelation. In the sudden stab of fear that pierced to her very heart she realized what Anne had come to mean to her. She would have admitted that she liked Anne — nay, that she was very fond of Anne. Anne was dearer to her than anything on earth.

● 부록 참조 (260p 〈질병 증상 관련 표현〉)

앤은 숨이 막히는 침묵 속에서 사다리를 타고 용마루에 올라갔다. 몇 발 내딛고는 참사가 일어났다. 앤은 흔들리다 중심을 잃고 휘청거리며 비틀거리다가 떨어졌다. / "앤, 너 죽었어?" 다이애나는 비명을 지르며 앤 옆에 털썩 무릎을 꿇었다.
"아니, 다이애나. 나 안 죽었어. 그런데 느낌이 없어. 내 발목이." 앤이 숨을 헐떡였다.
마릴라는 배리 씨가 앤을 팔에 안고 가는 것을 보았는데 앤의 머리가 그의 어깨에 축 늘어져 있었다. 그 순간 마릴라는 깨달았다. 그녀의 심장을 찌르는 갑작스러운 공포 속에서 앤이 자신에게 어떤 의미인지를 깨달았다. 마릴라는 자신이 앤을 좋아한다는 사실을 인정했다. 아니, 앤을 많이 좋아했다. 앤은 세상의 그 어떤 것보다 더 소중한 존재였다.

breathless 숨막히는 catastrophe 대재앙 sway 흔들리다 lose one's balance 균형을 잃다
stumble 비틀거리다 stagger 휘청거리다 shriek 비명을 지르다 render 만들다
unconscious 무의식의 limply 축 처져서 revelation 드러남 stab 찌르기 pierce 찌르다, 뚫다

Q. 나에게 세상 그 어떤 것보다 소중한 존재는 누구인가요?

긍정적인 앤

'Aren't you very sorry for me, Marilla? I might have broken my neck. Let us look on the bright side of things.'

'It was your own fault,' said Marilla, twitching down the blind and lighting a lamp.

'And that is just why you should be **sorry** for me,' said Anne, 'because the thought that it is my own fault is what makes it so hard. If I could blame it on anybody I would feel so much better. But isn't it fortunate I've got such an imagination? It'll help me through splendidly, I expect,' said Anne.

● 부록 참조 (260p 〈유사 표현〉)

"저 때문에 속상하시죠, 마릴라 아주머니? 목이 부러질 수도 있었는데 그래도 다행이라고 생각해요."
"다 네 잘못이었어." 마릴라는 블라인드를 내리고 램프에 불을 붙이며 말했다.
"그래서 속상하신 거잖아요." 앤이 말했다. "제 잘못 때문에 이렇게 되었다는 생각이 이 일을 더 힘들게 하니까요. 다른 사람 잘못이었다면 훨씬 나았을 거예요. 그래도 제가 상상력이 많은 것이 다행 아닐까요? 이 일을 견디는 데 엄청난 도움이 될 거예요." 앤이 말했다.

twitch 잡아 당기다   blind 블라인드, 차양   light 불을 붙이다   blame 비난하다, 탓하다

Q. 크게 다치거나 아팠던 적이 있나요?
일상 회복 후의 마음가짐이 어떻게 달라졌나요?

매일 북적이는 앤의 병상

Anne had good reason to bless her imagination many a time and often during the tedious seven weeks that followed. But she was not solely dependent on it. She had many visitors and not a day passed without one or more of the schoolgirls dropping in to bring her flowers and books and tell her all the happenings in the juvenile world of Avonlea.

'It isn't very pleasant to be laid up; but there is a bright side to it, Marilla. You find out how many friends you have.'

앤은 그 뒤로 지루하게 보낸 7주 동안 자신의 상상력에 감사할 일이 많았다. 그러나 상상력만으로 버틴 것은 아니었다. 앤을 방문하는 사람이 많았고 여학생들은 매일같이 들러서 꽃과 책을 주고 에이번리의 아이들 세계에서 일어난 온갖 일들을 다 말해주었다.
"다쳐서 누워 있는 게 별로 좋은 일은 아니에요. 하지만 거기엔 좋은 면이 있어요, 마릴라 아주머니. 친구가 얼마나 있는지를 알 수 있거든요."

have good reason to 당연히 ~하다   many a time 여러 번   tedious 지루한
dependent ~에 의존하는   drop in 잠깐 들르다   juvenile 청소년의
laid up 병으로 누워 있는

Q. 나는 주로 어디에서 세상의 정보를 얻나요?

약간의 인정이 훈육보다 낫다

It was October again when Anne was ready to go back to school.

'I love Miss Stacy with my whole heart, Marilla. She announced the project that the scholars of Avonlea school should get up a concert and hold it in the hall on Christmas night. We're to have a tableau at the last — *Faith, Hope, and Charity*. I'm to be Hope. Marilla, don't you hope your little Anne will distinguish herself?'

'All I hope is that you'll behave yourself,' said Marilla.

'Well, now, I expect you'll do your part fine,' said Matthew. A little appreciation sometimes does quite as much good as all the conscientious 'bringing up' in the world.

다시 10월이 되었을 때, 앤은 학교로 돌아갈 수 있었다.
"전 스테이시 선생님이 정말 좋아요, 마릴라 아주머니. 선생님은 크리스마스 날 밤 에이번리 학교의 학생들이 음악회를 열 것이라는 계획을 발표하셨어요. 마지막에는 활인화를 할 건데 주제는 '믿음, 소망, 사랑'이에요. 저는 소망이에요. 마릴라 아주머니, 멋지게 공연할 제가 보고 싶지 않으세요?"
"내가 보고 싶은 건 예의 바르게 행동하는 거야." 마릴라가 말했다.
"저기, 너는 맡은 역할을 잘할 거야." 매튜가 말했다. 때로는 약간의 인정이 세상의 모든 훈육을 합친 것 만큼의 효과가 있다.

tableau 활인화(중요 장면이나 그림을 여러 명의 배우가 정지된 연기로 표현하는 것)
distinguish onself 뛰어나다   appreciation 인정   do good ~에 좋다
conscientious 양심적인, 성실한   bringing up 양육

Q. 잔소리보다 인정이 더 효과적이었던 경험이 있나요?

○ 앤이 병상에 누워 있는 동안 필립스 선생님의 후임으로 스테이시 선생님이 부임했다. 필립스 선생님과는 성별, 인격도 다른 따뜻한 교사였으며, 획기적인 교육 방식으로 앤의 마음을 사로잡았다. 부푼 소매의 옷을 즐겨 입었으며, 앤을 비롯해 여러 아이들을 퀸스 아카데미에 진학시키기 위해 입시반을 꾸리는 등 진보적인 여교사였다. 실제로 작가가 경험한 선생님을 모델로 만들어진 인물이라고 한다.

끝까지 앤을 지지해주는 매튜

'Will you ever have any sense, Anne?' groaned Marilla.

'Oh, yes, I think I will, Marilla,' returned Anne optimistically. 'I've learned a new and valuable lesson today. Ever since I came to Green Gables I've been making mistakes, and each mistake has helped to cure me of some great shortcomings. Today's mistake is going to cure me of being too romantic.'

'I'm sure I hope so,' said Marilla skeptically. But Matthew whispered shyly, 'Don't give up all your romance, Anne. A little of it is a good thing — not too much, of course — but keep a little of it, Anne.'

"정신을 차리기는 할 거니, 앤?" 마릴라가 한탄했다.

"네, 그럴 것 같아요, 마릴라 아주머니." 앤은 낙관적으로 대답했다. "전 오늘 새롭고 소중한 교훈을 얻었어요. 그린게이블스에 온 이후 계속 실수를 저질렀고 그때마다 실수를 통해 저의 단점을 고치려고 했어요. 오늘의 실수를 통해서 제가 지나치게 낭만적이라는 문제를 고칠 수 있을 거예요."

"제발 그러길 바란다." 마릴라가 의심스럽다는 듯 말했다. 하지만 매튜는 수줍게 속삭였다. "로맨틱한 걸 다 포기하지는 말아라, 앤. 약간의 로맨틱은 좋은 거야. 물론 너무 지나치면 안 되겠지만 약간은 로맨틱해져라, 앤."

have sense 지각이 있다   optimistically 낙관적으로   cure 치료하다   shortcoming 단점
skeptically 회의적으로

Q. 인생에서 경험으로 얻은 가장 큰 교훈이 있다면?

O 학교에서 배운 테니슨의 시 〈왕의 목가〉를 읽고 친구들에게 연극을 하자고 제안한 앤은 주인공인 일레인 역을 맡았다. 작은 배에 누워 검은 비단 천과 황금 덮개 천을 두른 채 죽은 일레인을 연기하던 중 갑자기 바닥에서 물이 콸콸 쏟아져 들어오기 시작하여 배가 가라앉는 사고를 당한다. 다행히 익사 직전에 탈출해서 다리 기둥에 매달려 구조를 기다린다. 매달려 있던 팔에 힘이 빠져가는 찰나에 길버트가 다리 아래로 노를 저어 앤을 구해준다. 이 일을 계기로 친구가 되자는 길버트의 제안에 앤은 여전히 냉정하게 반응하였고 길버트 역시 상한 마음으로 앤과 친구가 되길 포기한다. 앤은 이상한 후회의 감정을 느꼈으나 이미 돌이킬 수 없게 되었다.

그럼에도 불구하고 사랑하라!
니체의 말이다.
운명애와 자기애는
필연적인 것을 아름답게 보는 인생의 태도에서 비롯된다.

난 나 이외의 그 누구도 되고 싶지 않아!
앤의 말이다.
바꿀 수 없는 것을 그대로 받아들일 때
뾰족한 감정의 조각들을 깎아낼 수 있다.

때론 주어진 길에서 머뭇거리기도 한다.
멈춰서는 것이 포기는 아니다.
다음 장으로 넘어가는 숨 고르기이며,
새로운 챕터의 시작이다.
납작해진 꿈을 부풀리고 둥실 떠오르는 마음으로
내 운명을 사랑하자.
클리셰에 숨겨진 인생의 비밀이다.

PART 004

아모르파티(Amor fati)

운명에 대한 사랑

Part 004 : Story

처음 그린게이블스에 왔을 때 11살 어린 아이가 어엿한 16세의 소녀로 몸과 마음이 자랐다. 앤은 외모도 아름다워졌고 말수는 줄었지만 여전히 따뜻하고 긍정적인 에너지의 소유자였다. 빨간 머리에 주근깨 투성이의 깡마르고 못생긴, 성질 더러운 아이로 기겁을 했던 레이첼 린드 부인조차 앤이 똑똑하게 잘 자랐다고 인정한다. 퀸스 아카데미 입시 시험을 수석으로 통과하고 2년의 과정을 단 1년 만에 1등으로 졸업하여 1급 교사 자격증을 따게 된 앤은 에이버리 장학금까지 받아 돈을 벌지 않고도 레드먼드 대학에서 공부할 수 있게 된다. 그러나 미래에 대한 설렘을 가득 안고 그린게이블스로 돌아온 바로 다음날, 매튜가 전 재산을 맡겨 놓은 은행이 파산했다는 소식에 충격을 받아 갑작스레 세상을 등지게 된다. 설상가상으로 시력까지 잃을 수 있는 눈 질환 때문에 두통을 얻은 마릴라는 그린게이블스를 팔고 앤이 공부하는 동안 남은 생을 홀로 보낼 계획을 세운다. 추억이 깃든 그린게이블스와 자신을 위해 헌신한 마릴라를 포기할 수 없었던 앤은 담담하게 운명을 받아들이고 계획을 변경한다. 교사로 일을 하며 마릴라의 곁에서 그린게이블스를 지키기로 한다. 앤을 위해 길버트는 에이버리 학교의 교사직을 양보한다. 그의 아버지는 마릴라의 젊은 시절 로맨스의 대상이었다. 오래도록 용서하지 않아서 애인을 잃었던 마릴라의 연애사를 들으며 앤은 길버트에게 먼저 다가가 화해를 하고, 그린게이블스에서의 제 2의 인생을 꿈꾼다. 꿋꿋하고 긍정적인 앤을 위해 생의 굴곡 어딘가에 행복이 기다리고 있을 것이다.

일상의 행복

'Diana, I'm thirteen years old today,' remarked Anne in an awed voice. 'It makes life seem so much more interesting. In two more years I'll be really grown up. It's great comfort to think that I'll be able to use big words then without being laughed at. Isn't this evening just like a **purple** dream? It makes me so glad to be alive. In the mornings I always think the mornings are best; but when evening comes I think it's lovelier still.' 'It's a very fine evening,' said Diana, 'Oh, I have such news, Anne. Aunt Josephine wants you and me to go to town next Tuesday and stop with her for the Exhibition.'

● 부록 참조 (260p 〈색의 상징과 표현〉)

"다이애나, 나 오늘 열세 살이 돼." 앤이 감탄하며 말했다. "열세 살이 되니 인생이 훨씬 더 흥미로워져. 2년만 더 지나면 어른이 돼. 그때가 되면 사람들이 거창한 말을 해도 날 비웃지 않을 테니 생각만 해도 기분이 좋아. 이런 저녁은 보라색 꿈같지 않니? 이럴 때는 살아 있는 게 너무 행복해. 아침에는 항상 아침이 최고라 생각하는데 저녁이 되면 저녁이 더 아름다운 것 같아."
"아름다운 저녁이야." 다이애나가 말했다. "참, 기쁜 소식이 있어 앤. 조세핀 할머니가 너랑 나랑 다음주 화요일에 샬럿타운에 오래. 며칠 동안 지내면서 같이 박람회 구경을 가자고 하셔."

remark 말하다   awed 경외스러운   comfort 위안, 위로   exhibition 박람회

Q. 나의 인생에 특별한 의미가 담긴 나이, 몇 살이었나요?

Day 81

가난은 상상할 영역이 풍부해서 좋아

It was a long drive, but Anne and Diana enjoyed every minute of it. Miss Barry's house was furnished with great magnificence.

'Isn't it just like a palace?' whispered Diana.

'Velvet carpet,' sighed Anne luxuriously, 'and silk curtains! I've dreamed of such things, Diana. But do you know I don't believe I feel very comfortable with them after all. There are so many things in this room and all so splendid that there is no scope for imagination. That is one consolation when you are poor — there are so many more things you can imagine about.'

먼 길이었지만 앤과 다이애나는 매 순간이 즐거웠다. 배리 할머니네 집은 매우 웅장하게 꾸며져 있었다.

"궁전같지 않니?" 다이애나가 속삭였다.

"벨벳 양탄자네." 앤은 호사스러움에 한숨을 쉬었다. "그리고 실크 커튼까지! 나도 이런 걸 꿈꾸긴 했어, 다이애나. 그런데 결국 이런 것들이 그리 마음 편하지는 않은 것 같아. 이 방에 물건이 진짜 많고 모든 것이 화려해서 상상의 영역이 없어. 가난한 게 그 점에서는 좋은 것 같아. 상상할 수 있는 게 훨씬 더 많으니까."

be furnished with ~를 갖추다   magnificence 아름다움, 웅장함   consolation 위로

196

Q. 가난은 좋은 것인가요? 부유함이 좋은 것인가요?
돈이 다가 아니다, 혹은 돈이 다이다라는 생각을 해본 적이 있나요?

돌아갈 집이 있다는 기쁨

'It was an elegant room, but somehow sleeping in a spare room isn't what I used to think it was. That's the worst part of growing up. The things you wanted so much when you were a child don't seem half so wonderful to you when you get them,' said Anne. Anne and Diana found the drive **home** as pleasant as the drive in — pleasanter, indeed, since there was the delightful consciousness of home waiting at the end of it.

'It's good to be alive and to be going home. I could kiss everything, even to the clock. I've had a splendid time and I feel that it marks an epoch in my life. But the best of it all was the coming home,' Anne concluded happily.

● 부록 참조 (261p 〈단어의 차이〉)

"멋진 방이었는데 손님방에서 자는 것이 왠지 예전에 생각했던 것과 달랐어요. 그게 성장의 안 좋은 점인가 봐요. 어렸을 때 그토록 원했던 것들이 정작 그걸 얻고 나면 그다지 멋지지 않아요." 앤이 말했다. 앤과 다이애나는 집으로 돌아가는 길이 집을 떠나던 길 만큼이나 즐겁다는 걸 알았다. 아니, 더 즐거웠다. 여행의 끝에 집이 기다리고 있다는 기분 좋은 생각 때문이었다.

"살아있다는 것도, 집에 가는 것도 좋아요. 집 전체에 입 맞추고 싶어요. 시계에게도요. 환상적인 시간을 보냈고 제 인생의 기념비적인 사건이었어요. 하지만 무엇보다도 가장 좋은 건 집에 돌아오는 거였어요." 앤은 행복하게 이야기를 마무리했다.

elegant 멋진, 고상한 pleasant 즐거운 delightful 기쁜 consciousness 의식
epoch (주요 사건과 변화가 일어난) 시대, 기념비적 사건

Q. 언제 집으로 돌아가고 싶다는 생각을 많이 하나요?

스테이시 선생님의 가르침

Diana and I talk a great deal about serious subject now, you know. It's such a solemn thing to be almost fourteen, Marilla. Miss Stacy said we couldn't be too careful what habits we formed and what ideals we acquired in our teens, because by the time we were twenty our characters could be developed and the foundation laid for our whole future life. And she said if the foundation was shaky we could never build anything really worthwhile on it. My love for Miss Stacy helped me to keep a promise. It's really wonderful what you can do when you're truly anxious to please a certain person.

다이애나랑 저는 요즘 진지한 주제로 대화를 많이 해요. 열네 살이 다 되었다는 건 정말 진지한 일이예요, 마릴라 아주머니. 스테이시 선생님이 10대에 얻는 습관과 이상이 얼마나 중요한지 아무리 강조해도 지나치지 않다고 하셨어요. 왜냐하면 스무 살까지 인격이 발달하고 일평생의 기초가 놓이기 때문이래요. 그리고 기초가 흔들리면 그 위에는 어떤 좋은 것을 세울 수도 없다고 하셨어요. 스테이시 선생님을 제가 워낙 좋아하다 보니 약속도 잘 지키게 돼요. 누군가에게 기쁨을 주고 싶을 때 놀라운 능력을 갖게 되는 건 정말 좋아요.

solemn 엄숙한, 근엄한   form 형성하다   acquire 획득하다   teens 십대
lay foundation 기초를 놓다   be anxious to ~하고 싶다

Q. 요즘 누군가와의 대화에 자주 등장하는 주제는 무엇인가요?

퀸스 아카데미 입시반 지원

'Miss Stacy wants to organize a class among her advanced students who mean to study for the entrance examination into Queen's. What do you think about yourself, Anne? Would you like to go to Queen's and pass for a teacher?'

'Oh, Marilla! It's been the dream of my life. I'll study as hard as I can and do my very best to be a credit to you. I have a purpose in life. Mr Allan says everybody should have a purpose in life and pursue it faithfully. Only he says we must first make sure that it is a worthy purpose. I think a teacher is a very noble profession,' said Anne blissfully.

"스테이시 선생님은 상급반 학생들 중에서 퀸스 아카데미 입학 시험을 준비하는 학생들을 위한 특별반을 꾸리길 원하신대. 앤 넌 어떻게 하고 싶니? 퀸스에서 공부한 후 교사가 되고 싶니?"
"오, 마릴라 아주머니! 그건 제 인생의 꿈이었어요. 최선을 다해 공부해서 아주머니 아저씨에게 자랑이 되도록 노력할게요. 전 인생의 목표가 생겼어요. 앨런 목사님은 우리 모두가 인생의 목표를 가지고 성실하게 추구해야 한다고 하시잖아요. 단, 그것이 가치 있는 목적인지 먼저 확인해야 한다고 말씀하세요. 교사는 정말 고귀한 직업인 것 같아요." 앤이 행복하게 말했다.

organize 조직하다   advanced student 상급학생   entrance examination 입학 시험
credit 자랑거리, 칭찬   faithfully 충실하게   profession 직업   blissfully 아주 행복하게

Q. 인생의 목표가 있다면 무엇인가요?

● 1874년에 태어난 몽고메리는 1차 세계대전이 터지기 전의 평온하던 빅토리아 시대의 여성이었다. 앤의 성장기 역시 그 시대적 배경은 19세기 말에 해당된다. 요리와 바느질 등 집안일을 배우며 여성의 영역은 가정이라고 여겼던 이 시기의 가정교육은 여성의 몸가짐이나 도덕성을 중시했다. 여성에게 많은 제약이 있었지만 서서히 그들의 교육과 참정권에 대한 인식에 변화의 바람이 불면서 간호사, 교사, 비서 등의 직업을 가질 수 있는 기회도 생겨나기 시작했다.

앤을 칭찬하는 레이첼 부인

'I must say Anne has turned out a real smart girl,' admitted Mrs Rachel, as Marilla accompanied her to the end of the lane at sunset. 'She must be a great help to you.'

'She is,' said Marilla, 'and she's real steady and reliable now.'

'I never would have thought she'd have turned out so well that first day I was here three years ago. I don't know how it is but when Anne and her friends are together, though she ain't half as handsome, she makes them look kind of common and overdone,' said Mrs Rachel.

● 부록 참조 (261p 〈속담〉)

"앤은 참 똑똑하게 잘 자랐어요." 해질녘 자신을 길 끝까지 배웅하는 마릴라에게 레이첼 부인이 말했다. "그 아이는 마릴라에게 큰 도움이 될 거예요."

"맞아요." 마릴라가 말했다. "앤은 이제 정말 성실하고 믿음직스러워졌어요."

"3년 전 그 아이를 처음 만났을 때 이렇게 잘 자랄 거라고 꿈에도 생각 못 했어요. 어떻게 그럴 수 있는지는 모르겠지만 앤이 아이들과 있을 때는 그 절반도 예쁘지 않지만, 다른 아이들을 평범하게 혹은 더 과하도록 보이게 만들어요." 레이첼 부인이 말했다.

turn out ~하게 되다   admit 인정하다   accompany ~을 동행하다   steady 꾸준한, 성실한
reliable 믿을 만한   common 평범한   overdone 과한

Q. 첫인상과 완전히 다른 사람을 만난 적이 있나요?

어른이 되어가는 앤

Between times Anne grew, shooting up so rapidly that Marilla was astonished one day. The child Marilla had learned to love had vanished somehow and here was this tall, serious-eyed girl of fifteen. There were other changes in Anne no less real than the physical change. For one thing, she became much quieter.

'It's nicer to think dear, pretty thoughts and keep them in one's heart like treasures. It's fun to be almost grown up in some ways, but it's not the kind of fun I expected, Marilla. There's so much to learn and do and think that there isn't time for big words. Besides, Miss Stacy says the short ones are much stronger and better.'

그 사이에 앤은 성장해갔다. 너무 쑥쑥 자라나서 어느 날 마릴라가 깜짝 놀랄 정도였다. 마릴라가 마음을 열고 사랑했던 아이는 어느덧 사라지고, 그 자리에 키가 크고 눈빛이 진지한 열다섯 살 소녀가 있었다. 앤은 몸이 변하면서 다른 것들도 변했다. 우선, 훨씬 더 조용해졌다.

"소중한 생각들은 마음속에 보물처럼 간직하는 게 더 좋아요. 어떤 면에서는 어른이 되어가는 것이 재미있기도 하지만 제가 생각했던 재미는 아니에요, 마릴라 아주머니. 배울 것도, 할 것도, 생각할 것도 너무 많아서 거창한 말을 할 시간이 없는 것 같아요. 게다가 스테이시 선생님은 말을 짧게 할수록 힘이 있고 더 좋은 거래요."

shoot up 쑥쑥 크다   astonished 깜짝 놀란   vanish 사라지다   physical 신체적인

Q. 어른이 되어 좋은 점과 아쉬운 점은 무엇인가요?

퀸스 아카데미 입학 시험 수석 합격

'Anne, you've passed,' Diana cried, 'passed the very first — you and Gilbert both — you're ties — but your name is first. Oh, I'm so proud!'

Diana flung the paper on the table and herself on Anne's bed, utterly breathless and incapable of further speech. Yes, Anne has passed — there was her name at the very top of a list of two hundred! That moment was worth living for:

'I'm just dazzled inside,' said Anne. 'I want to say a hundred things, and I can't find words to say them in.'

"앤, 너 합격했어." 다이애나가 소리쳤다. "1등이야. 너랑 길버트가 공동 수석이야. 그런데 너의 이름이 맨 앞에 있어. 아, 네가 정말 자랑스러워!"

다이애나는 종이를 테이블에 던지고 앤의 침대에 뛰어들었다. 너무 숨이 차서 더 이상 말을 할 수 없었다. 그렇다. 앤은 합격했다. 200명 명단 맨 위에 앤의 이름이 있었다! 삶의 보람이 느껴지는 순간이었다.

"나 정말 황홀해." 앤이 말했다. "하고 싶은 말이 백 가지인데 표현할 말을 찾을 수 없어."

fling 던지다   breathless 숨이 찬   incapable ~할 수 없는   dazzled 황홀한

Q. 가장 기억에 남는 합격의 경험은 언제였나요?

진정한 부자란

'We are rich,' said Anne staunchly. 'We have sixteen years to our credit, and we're happy as queens, and we've got imaginations, more or less. Look at the sea, girls — all silver and shallow and vision of things not seen. We couldn't enjoy its loveliness any more if we had millions of dollars and ropes of diamonds. I don't want to be anyone but myself, even if I go uncomforted by diamonds all my life,' declared Anne. 'I'm quite content to be Anne of Green Gables, with my string of pearl beads. I know Matthew gave me as much love with them as ever went with Madame the Pink Lady jewels.'

● 부록 참조 (261p 〈어울리는 노래〉)

"우린 부자야." 앤이 확고하게 말했다. "우리는 16년간의 멋진 추억이 있고 여왕처럼 행복하고 크건 작건 어느 정도의 상상력을 가졌잖아. 바다를 봐, 얘들아. 온통 은빛의 얕은 바다와 보이지 않는 것들의 환상까지도. 우리에게 수백만 달러와 수많은 다이아몬드가 있다고 해도 저 아름다움을 누릴 수는 없어. 나는 나 이외의 누구도 되고 싶지 않아. 평생 다이아몬드를 가질 수는 없어도 난 진주 목걸이를 단 그린게이블스의 앤으로 만족해." 앤이 확신을 가지고 말했다. "매튜 아저씨가 이 목걸이에 담아준 사랑은 분홍 드레스 입은 부인의 보석에 못지 않으니까."

staunchly 확고하게　to one's credit ~을 인정받을 만한　shallow 얕은
uncomforted 위안받는　content 만족하는　string of pearl beads 진주 목걸이

Q. 16년 전 나의 모습을 떠올려볼까요?

겉모습은 변해도 마음만은 그대로예요

The next three weeks were busy ones at Green Gables, for Anne was getting ready to go to Queen's.

'I just couldn't help thinking of the little girl you used to be, Anne. And I was wishing you could have stayed a little girl, even with all your queer ways. You're grown up now and you're going away; and you look so tall and stylish and so different altogether.'

'Marilla, I'm not a bit changed — not really. I'm only just pruned down and branched out. The real me — back there — is just the same. It won't make a bit difference where I go or how much I change outwardly; at heart I shall always be your little Anne, who will love you and Matthew and dear Green Gables more and better every day of her life.'

그 뒤로 3주간 앤이 퀸스로 떠날 준비를 하느라 그린게이블스는 바빴다.
"너의 옛날 모습이 계속 떠오르는구나, 앤. 그리고 네가 그렇게 사고를 치는데도 난 네가 어린 아이로 머무르길 바랐어. 이제 다 커서 우리 곁을 떠나는구나. 게다가 넌 키도 크고 세련되고 너무 달라졌어." / "마릴라 아주머니, 저는 조금도 변한 게 없어요. 진짜로요. 단지 좀 다듬어지고 좀 자라난 것 뿐이에요. 진짜 앤은 — 이 안쪽은 — 그대로예요. 어딜 가든 겉모습이 얼마나 변했든 그건 조금도 중요하지 않아요. 마음속 깊이 저는 항상 마릴라 아주머니의 앤이에요. 평생 날마다 마릴라 아주머니와 매튜 아저씨 그리고 소중한 그린게이블스를 더욱 더 사랑하는 앤이 될게요."

queer 이상한　altogether 완전히　prune down 가지치다　branch out 가지를 뻗다
outwardly 겉으로

Q. 어렸을 때에 비해 더 나아진 현재의 모습이 있다면?

앤을 보내주신 건 신의 섭리야

'Anne is smart and pretty, and loving, too, which is better than all the rest. She's been a blessing to us, and there never was a luckier mistake than what Mrs Spencer made — if it was luck. I don't believe it was any such thing. It was Providence, because the Almighty saw we needed her, I reckon,' Matthew muttered, proudly.

"앤은 똑똑하고 예쁘고 다정한데 그중에 다정한 게 제일이지. 이 아이는 우리에게 축복이었어. 스펜서 부인이 저지른 실수가 최고의 행운이 되었지. 그걸 행운이라고 한다면 말이야. 하지만 난 그런 건 믿지 않아. 그건 신의 섭리였어. 전능하신 분이 우리에게 이 아이가 필요하다는 걸 아셨던 거야." 매튜가 자랑스럽게 중얼거렸다.

blessing 축복   providence 신의 섭리   the Almighty 전능하신 분   reckon 생각하다
mutter 중얼거리다

Q. 신의 섭리로 나에게 보내준 인연이 있다면 누구인가요?

꿈을 꾸는 건 좋은 일이야

The day finally came when Anne must go to town. She intended taking up the Second Year work, being advised to do so by Miss Stacy; Gilbert Blythe elected to do the same. This meant getting a First Class teacher's license in one year instead of two.

'I will win the Avery scholarship if hard work can do it,' Anne resolved. 'It's delightful to have ambitions. I'm so glad I have such a lot. And there never seems to be any end to them — that's the best of it. Just as soon as you attain to one ambition you see another one glittering higher up still. It does make life so interesting.'

마침내 앤이 샬럿타운으로 떠날 날이 왔다. 스테이시 선생님의 조언에 따라 앤은 2학년 과정을 신청했다. 길버트 블라이드도 똑같이 했다. 이것은 1급 교사 자격증을 2년이 아닌 1년 만에 취득한다는 의미였다.

"열심히 노력해서 되는 거라면 에이버리 장학금을 받을 거야." 앤은 결심했다. "꿈을 갖는 건 좋은 일이야. 나에게 꿈이 많아서 정말 기뻐. 꿈은 끝이 없고 바로 그게 가장 좋은 것이지. 한 가지 꿈을 달성하면 앞에서 더 높은 꿈이 반짝거려. 인생이 정말 흥미로워지는 거야."

intend 의도하다   take up 배우다   elect 선택하다   license 자격증   scholarship 장학금
resolve 결심하다   attain 달성하다   ambition 야망, 꿈   glitter 반짝이다

Q. 나를 가슴 뛰게 하는 꿈이 있나요?

노력해서 성공하는 것 다음으로 좋은 것은 노력하고 실패하는 것

Just now I honestly feel that as long as I know the violets are coming out all purple down in the hollow below Green Gables and that little ferns are poking their heads up in Lovers' Lane, it's not a great deal of difference whether I win the Avery or not. I've done my best, and I begin to understand what is meant by the "joy of the strife". Next to trying and winning, the best thing is trying and failing.

● 부록 참조 (262p 〈실패와 관련된 명언〉)

지금은 그린게이블스 아래쪽 골짜기에서 제비꽃이 보라빛으로 피어나고 연인의 오솔길에서 고사리들이 머리를 내밀고 있겠지를 생각하면 내가 에이버리 장학금을 받든 말든 별로 중요하지 않아. 나는 최선을 다했고, '수고의 기쁨'이 무엇을 의미하는지 알겠어. 노력해서 성공하는 것 다음으로 좋은 것은 노력하고 실패하는 것이야.

violet 제비꽃   hollow 골짜기   fern 고사리   poke 쑥 내밀다   strife 싸움, 분투

Q. 성공을 위해 가장 중요한 요소는 무엇이라고 생각하나요?

Day 93

에이버리 장학금 수상과
자랑스러운 졸업식

'Three cheers for Miss Shirley, winner of the Avery!'
Commencement was the next important happening.
Matthew and Marilla were there, with eyes and ears
for only one student on the platform — a tall girl, who
read the best essay and was pointed out and whispered
about as the Avery winner.

'Well now, I'd rather have you than a dozen boys, Anne,'
said Mattew patting her hand. 'Well now, I guess it
wasn't a boy that took the Avery scholarship, was it? It
was a girl — my girl that I'm proud of,' Matthew smiled
his shy smile at Anne. It was the last night before
sorrow touched Anne's life.

"앤 셜리 만세, 에이버리 장학금 수상자!" 졸업식은 그 다음으로 중요한 일이었다. 매튜와
마릴라도 참석했고 단상 위의 오직 한 학생에게만 이목을 집중했다. 최고의 졸업사를 읽고
사람들이 에이버리 장학금 수상자라고 가리키며 소곤거리는 큰 키의 여학생.
"저기, 나는 남자아이 열을 준다고 해도 너하고 안 바꾼다, 앤." 앤의 손을 토닥이며 매튜가
말했다. "저기, 에이버리 장학금 받은 것도 남자애가 아니잖아. 자랑스러운 우리 집 여자애
가 받았잖아." 매튜는 앤에게 수줍은 미소를 지었다. 앤의 인생에 슬픔이 닥치기 전 마지막
날이었다.

three cheers 만세! 환호   commencement 졸업식   happening 사건, 중요한 일
platform 단상   would rather 차라리 ~하는 편이 낫다   dozen 12개   pat 두드리다

Q. (다른 이의 졸업식 포함) 기억에 남는 졸업식이 있나요?

○ 졸업은 새로운 시작이란 의미도 내포되어 있다. 따라서 'graduation' 외에도 'commencement(시작)'라는 말을 사용한다.

매튜의 죽음

'Matthew — Matthew — what is the matter?' gasped Marilla. Anne came through the hall in time to hear her and to see Matthew standing in the porch doorway, a folded newspaper in his hand, and his face strangely drawn and grey. Then, Matthew fell across the threshold. When the doctor came he said that death had been instantaneous and probably painless, caused in all likelihood by some sudden shock. No tears came at first, only the same horrible dull ache of misery that kept on aching until she fell asleep. In the night Anne awakened, the recollection of the day came over her like a wave of sorrow. She could hear Mattew's voice saying. 'My girl — My girl that I'm proud of.' Then tears came and Anne wept her heart out.

"매튜, 매튜, 무슨 일이야?" 앤은 복도를 지나다가 마침 마릴라의 다급한 목소리를 듣고 매튜가 현관에 서 있는 것을 보았다. 그는 이상하게도 핏기 없이 잿빛 안색이 된 채 접은 신문을 손에 들고 있었다. 그러고는 문턱 위로 쓰러졌다. 의사가 왔을 때 갑작스러운 충격으로 한순간에 죽었으니 고통은 없을 거라는 말을 남겼다. 처음에는 눈물이 나오지 않았다. 그냥 지독하게 둔한 불행의 고통이 지속되다가 잠이 들 뿐이었다. 그렇게 앤이 잠들었다 깨어난 밤, 전날 밤의 기억이 슬픔의 파도처럼 엄습했다. "자랑스러운 우리 집 여자애."라고 말했던 매튜의 목소리가 들려오는 것 같았다. 그러자 앤은 가슴이 미어질 듯 눈물이 터져 나왔다.

in time 이윽고, 제때　porch doorway 현관 문앞　drawn 해쓱한　threshold 문턱
instantaneous 즉각적인　likelihood 가능성　dull 둔한　keep on 계속해서 ~하다
ache 아프다　awaken 깨어나다　recollection 회상
weep one's heart out 가슴이 미어질 듯 울다

Q. 눈물조차 나지 않았던 절망과 슬픔의 경험이 있나요?

익숙한 것들 속의 상실

'We've got each other, Anne. I don't know what I'd do if you weren't here — if you'd never come,' said Marilla.

Avonlea settled back to its usual placidity and even at Green Gables affairs slipped into their old groove although always with the aching sense of 'loss in all familiar things'. Anne, new to grief, thought it almost sad that it could be so — that they could go on in the old way without Matthew.

'It seems like disloyalty to Matthew, somehow, to find pleasure in the beautiful world of blossom and love and friendship now that he has gone,' she said wistfully to Mrs Allan.

"우린 서로가 있잖니, 앤. 네가 없었다면, 네가 안 왔다면 내가 어떻게 했을지 모르겠어." 마릴라가 말했다.
에이번리는 평소의 평온함을 되찾았고 그린게이블스에서도 모든 일들이 이전처럼 잘 맞물려 돌아갔다. 물론 '익숙한 것들 속의 상실'이라는 고통은 항상 남아 있었다. 고통에 익숙하지 않았던 앤은 매튜 아저씨가 없어도 예전처럼 살아갈 수 있다는 사실이 슬펐다.
"매튜 아저씨가 떠나간 뒤에도 꽃과 사랑과 우정이 가득한 아름다운 세계에 기쁨을 느끼는 건 어쩐지 배신 같아요." 앤이 앨런 사모님께 말했다.

settle back 다시 돌아가다　placidity 평온함　slip into ~로 미끌어져 들어가다
groove 홈, 리듬　grief 비통　disloyalty 배신, 불충　wistfully 애석해하며

Q. 이별은 곧 만남이라는 말에 대해 어떻게 생각하나요?

○ 미국의 장례식은 슬퍼하거나 애도하기보다 고인과의 추억을 이야기하는 Eulogy(송별사)의 시간을 가진다. Viewing(뷰잉)을 통해 평상시에 고인이 즐겨 입던 옷이나 정장을 입히고 그의 모습을 실제로 보여주며 추모한다. "Please accept my sincere condolences. (삼가 고인의 명복을 빕니다)" 혹은 "I'm sorry for your loss. (애도의 뜻을 표합니다)" 등으로 유족들을 위로한다.

기꺼이 짊어지려는 생의 의무

Anne went herself to the east gable and sat down by her window in the darkness alone with her tears and her heaviness of heart. How sadly things had changed since Anne had sat there the night after coming home! Then she had been full of hope and joy and the future had looked rosy with promise. Anne felt as if she had lived years since then, but before she went to bed there was a smile on her lips and peace in her heart. She had looked her duty courageously in the face and found it a friend — as duty ever is when we meet it frankly.

앤은 동쪽 다락방 어두운 창가에 홀로 앉아서 무거운 마음으로 눈물을 흘렸다. 집에 돌아와서 거기에 앉았던 밤 이후로 상황이 얼마나 슬프게 변했는지! 그날은 희망과 기쁨으로 가득 차 있었고 미래는 약속을 품은 장밋빛으로 가득했다. 그로부터 몇 년을 더 지낸 것 같은 기분이 들었지만, 잠자리에 들기 전 입가에 미소가 마음에는 평화가 맴돌았다. 자기의 의무를 정면으로 용감하게 바라보니, 그것은 (적이 아니라) 친구였다. 의무라는 것을 솔직히 마주하면 언제나 그렇듯.

heaviness 무거움   rosy 장밋빛의   duty 의무   courageously 용감하게

226

Q. 내가 이 생에 짊어져야 할 의무는 무엇이라고 생각하나요?

목표를 바꾸고 여전히 꿈꾸는 앤

'Let me tell you my plan, Marilla. I'm going to teach. I've applied for the school here. I'll read to you and keep you cheered up. You shan't be dull or lonesome. And we'll be real cosy and happy here together, you and I.'

'Oh, Anne, I can't let you sacrifice yourself so for me.'

'Nonsense!' Anne laughed merrily. 'There is no sacrifice. Nothing could be worse than giving up Green Gables. I'm just as ambitious as ever. Only, I've changed the object of my ambitions. I'm going to be a good teacher — and I'm going to save your eyesight.'

"제 계획을 말씀드릴게요, 마릴라 아주머니. 저는 교사 일을 할 거예요. 이곳 학교에 지원을 했어요. 아주머니께 책을 읽어드리고 즐겁게 해드릴게요. 아주머니를 지루하거나 외롭게 하지 않을 거예요. 여기서 아주머니와 저, 아늑하고 행복하게 지낼 거예요."

"오, 앤, 네가 나 때문에 그렇게 희생하게 할 수는 없다."

"말도 안 돼요! 희생이라니요." 앤이 밝게 웃었다. "그린게이블스를 포기하는 것보다 나쁜 건 없어요. 저는 그 어느 때보다 큰 꿈을 꾸고 있어요. 다만 꿈의 목표를 바꿨어요. 저는 좋은 선생님이 될 거예요. 그리고 아주머니의 눈도 지켜드릴 거예요."

---

apply for ~을 지원하다   shan't = shall not   cozy 아늑한   sacrifice ~을 희생하다
nonsense 터무니 없는 말   ambitious 야심찬

Q. 최선보다 차선의 선택이 결과적으로 더 좋았던 경험이 있나요?

⭕ "너를 엄격하게 대했다는 건 알지만 그렇다고 매튜보다 널 덜 사랑한 건 아니야. 너를 내 피붙이나 다름없이 사랑한단다. 너는 그린게이블스에 온 그날부터 내게 기쁨과 위안이었어." 마릴라의 고백이다. 이 마음을 앤이 받았다. 매튜가 급사한 후 마릴라는 시력을 잃을지도 모르는 상황에서 사람을 사서 농장을 돌볼 수 없다는 판단을 했다. 전 재산을 맡긴 은행도 파산을 했고, 어음 기한이 돌아오면 상황이 나빠져서 집을 팔 수도 없다. 큰 돈은 안 되겠지만 그린게이블스와 농장을 팔고 먹고살 돈을 마련한 후 린드 부인의 집에서 하숙생활을 할 계획을 세웠다. 하지만 앤은 새로운 계획으로 마릴라를 설득한다.

인생의 굴곡을 희망으로 바라보는 자세

I shall give life here best, and I believe it will give its best to me in return. When I left Queen's my future seemed to stretch out before me like a straight road. Now there is a bend in it. I don't know what lies around the bend, but I'm going to believe that the best does. It has a fascination of its own, that bend, Marilla. I wonder how the road beyond it goes — what there is of green glory and soft, checkered light and shadows — what new landscapes — what new beauties — what curves and hills and valleys farther on.

저는 여기서 최선을 다할 거예요. 그러면 인생도 저에게 최선의 것을 줄 거라 믿어요. 퀸스를 졸업했을 때는 미래가 제 앞에 대로처럼 쭉 뻗어 있는 것 같았어요. 하지만 이제 굴곡이 생겼어요. 굽이 너머에 뭐가 있을지 모르지만 가장 좋은 게 있을 거라 믿어요. 굴곡은 그 나름의 매력이 있어요, 마릴라 아주머니. 그 너머로 어떤 길이 펼쳐질지 궁금해지거든요. 어떤 푸른 영광과 부드럽게 엮여 있는 빛과 그림자, 어떤 새로운 풍경, 어떤 새로운 아름다움, 저 멀리 어떤 굴곡과 언덕과 골짜기가 있을지 모르잖아요.

in return 답례로   bend 커브, 굽이   fascination 매력   checkered 체크무늬의
landscape 광경

Q. 어려운 순간을 넘어 더 나은 길을 찾은 경험이 있나요?

아름다운 세상,
네 안에 살아있는 것이 기뻐

'Dear old world,' Anne murmured, 'you are very lovely, and I am glad to be alive in you.'

Half-way down the hill a tall lad came whistling out of a gate before the Blythe homestead. It was Gilbert, and whistle died on his lips as he recognized Anne.

'Gilbert,' Anne said, with scarlet cheeks, 'I want to thank you for giving up the school for me.'

'I was pleased to be able to do you some small service. Are we going to be friends after this? Have you really forgiven me my old fault?'

'I forgave you that day by the pond landing. I've been sorry ever since.'

"아름다운 세상아," 앤이 중얼거렸다. "정말 사랑스럽고 내가 네 안에 살아있는 게 기쁘구나."
언덕 중간쯤 블라이드가 앞의 대문이 열리더니 키 큰 청년 한 명이 휘파람을 불며 나왔다.
길버트였고, 앤을 알아보자 그의 입에서는 휘파람 소리가 멈췄다.
"길버트." 앤이 얼굴이 빨개져서 말했다. "에이번리 학교를 나한테 양보해줘서 고마워."
"너에게 작은 도움이 될 수 있어서 기뻤어. 그러면 우리 이제 친구가 될 수 있는 거니? 지나
간 나의 잘못을 용서한 거야?"
"그날 연못 나루터에서 (날 구해줬을 때) 용서했어. 그 뒤로 내내 미안했어."

murmur 중얼거리다　homestead 주택, 농가　whistle 휘파람을 불다　scarlet 새빨간 색
landing 층계참

Q. 오랫동안 냉각기 후에 극적으로 화해한 친구가 있나요?

인생의 길이 좁아져도
행복의 꽃은 피어난다

Anne's horizon had closed in since the night she had sat there after coming home from Queen's; but if the path set before her feet was to be narrow she knew that flowers of quiet happiness would bloom along it. The joys of sincere work and worthy aspiration and congenial friendship were to be hers; nothing could rob her of her birthright of fancy or her ideal world of dreams. And there was always the bend in the road!

"God's in His heaven, all's right with the world," whispered Anne softly.

앤이 퀸스 아카데미를 졸업한 후 창가 앞에 앉았던 밤 이후 앤의 세계는 좁아졌다. 하지만 발 앞의 길이 좁아진다 해도 그 길을 따라 조용한 행복의 꽃이 피어날 것을 앤은 알았다. 성실한 노동과 고귀한 열망, 마음이 통하는 우정이 앤에게 기쁨이 되어줄 것이다. 어떤 것도 앤의 상상할 권리와 꿈꾸는 세계를 빼앗아갈 수 없다. 길에는 언제나 굴곡이 있다! "하나님이 하늘에 계시니 세상의 모든 것이 다 괜찮다." 앤이 부드럽게 속삭였다.

horizon 지평선   close in 짧아지다, 약화되다   narrow 좁은   bloom 활짝 피다
sincere 진정한   aspiration 열망   congenial 마음이 통하는   birthright 생득권

234

Q. 나의 인생에 해주고 싶은 말이 있나요?

빨간 머리 앤은 앞뒤가 투명하다. 솔직하고 뒷말 없는 사람, 개인적
으로 그런 사람이 좋다. 마음을 숨기는 것이 배려라는 착각을 앤에
게서 찾아볼 수 없다. 가슴에 품고 있지 못해 끊임없이 말로 풀어내
는 빨간 머리 소녀는 매번 마릴라에게 핀잔을 듣는다. ─ "지붕에
서 떨어져도 혀는 다치지 않았구나!" 하지만 생기발랄한 앤의 수다
를 듣고 싶어 하는 전 세계 팬들은 캐나다에 '가장 오랫동안 지속된
문학 수출품'이라는 트로피를 선사한다. 출간된 후 100여 년이 넘는
세월 동안 앤의 말은 여전히 우리의 마음에 생기를 불어 넣는 마성
을 발한다.

《빨간 머리 앤(Anne of Green Gables)》은 11세에서 16세까지 빨간
머리 소녀의 성장기를 담고 있다. 고아에서 입양아로 인생의 큰 전
환기를 겪은 앤은 탄탄한 삶의 문장들을 안고 살아간다. 버림받음
이 세상의 첫 기억이었던 작고 가냘픈 아이에게 더 나빠질 수도 없
었던 결핍의 극대치는 생을 채워주는 말, 상상의 언어로 승화된다.
아침 햇살에도, 밤의 별에도, 아름다운 날씨에도, 학교 가는 길에도,

10월은 10월이라서 기쁘고 행복해하는 앤의 감탄은 밝은 미래에 대한 선택의 부재에서 나온 것이었을지 모른다. 극심한 결여가, 지금에 머물고 현재에 집중하는 중력이 되었다. 사색은 앤에게 강력한 방어 기제이기도 했다.

"아침은 어떤 아침이든 다 흥미로워요. 하루 동안 무슨 일이 일어날지 모르고, 상상할 거리가 많거든요. 상상을 많이 하면 시간 보내는 데 도움이 돼요."

물론, 상상만으로는 채울 수 없는 거칠고 조악한 생의 지면도 있다. 가정교육의 손길이 닿지 못했던 사각지대다. 예측불허의 말썽으로 앤은 각양각색의 문제들을 끌고 다닌다. 하지만 그녀의 매력은 이 모든 상황들을 아름다운 실수로 변환시켜 성장해 나간다는 점이다. 하나하나 기억하며 똑같은 실수를 두 번 다시 하지 않으려는 영리함과 노력이 있다. 뼈아픈 문제의 경험들을 즐겁게 바꿔 나가는 모습에 도저히 미워할 수 없다.

"내 안엔 아주 여러 앤이 있나 봐. 그래서 그렇게 말썽을 많이 부리는지도 몰라. 내 안에 한 명의 앤이 있다면 훨씬 편하겠지만 그러면 절반도 재미있지 않을 거야."

좌충우돌 앤의 인생 여정은 우리에게 많은 것을 남겨준다. 그녀의 삶은 신의 섭리까지도 뒤집는다. 고아원 대신 피터 블루웨트 부인의 집으로 가는 것이 신의 뜻으로 여겨졌던 그때, 마릴라의 마음을 움직여 그린게이블스로 돌아간다. 수년이 흐른 후, 매튜의 입에서 "앤을 보내준 건 신의 섭리였다!" 라는 고백이 터진다. 기교는 없지만 솔직하게 꽉 채운 앤의 인생이 찬사를 받는 순간이었다. 수많은 선택지 중, 결정하지 않은 것에 대한 미련을 버리고 결정한 것을 옳은 답으로 만들어내는 것이 인생이라고 했다. 앤은 그렇게 매 순간을 온몸과 마음을 다해 살아냈다.

《빨간 머리 앤》을 펼치면, 여지없이 감각이 살아난다. 한 아이가 삶의 밑바닥에서부터 차곡차곡 관계와 성장의 탑을 쌓아가는 과정이 찌릿하면서도 짜릿한 엄마 미소를 짓게 한다. 앤의 기분 좋은 상상력이 수혈되고 긍정의 말들이 섭취되면 생의 결이 부드럽게 정리된다. 이 책에 담긴 소녀의 풋풋한 마음 문장들이 모두의 삶을 비추어 한층 밝은 톤의 옷을 입혀주면 좋겠다.

《빨간 머리 앤》의 문장들을 영어 필사책으로 엮을 수 있도록 기회를 준 편집장님께 감사의 마음을 전한다. 언제나 개인적인 생각을 최대한 반영하여 책을 풀어갈 수 있도록 믿어주시는 든든함에 다시 한번 고마움을 느낀다. 영어 필사를 사랑하는 수많은 사람들, 함께 영어 필사를 해나가는 지인들, 그리고 항상 옆에 서 있는 남편과 아들에게도 감사하다. 내가 가장 좋아하는 소설 인물 중의 한 명인 '앤'과 함께 아름다운 문장들 속에 머무르는 시간이 행복했다. 바로, 영어 필사와 함께 누릴 수 있는 기쁨이었다.

부
록

알아두면 유익한 《빨간 머리 앤》 책속 상식
Common Sense from 《Anne of Green Gables》

Day 2 〈가계도〉

Day 4 〈비격식 구어체 : 무엇을 줄인 말일까?〉

dunno = don't know	otta = out of
wanna = want to	kinda = kind of
gonna = going to	gimme = give me
gotta = got to	ain't = am not, are not, is not

Day 6 〈서로 다른 의미의 길〉

- Boulevard(Blvd.) 중앙 분리대가 있는 도시와 도시를 잇는 6차 선 이상의 대로로 갓길이나 주차 공간 포함
- Avenue(Ave.) 남북, 즉 세로로 쭉 뻗어 있는 2~4차선의 시가지 도로로 주로 가로수길
- Street(St.) 동서, 즉 가로로 쭉 뻗어 있는 2~4차선 시가지 도로로 주로 건물이나 집의 옆길
- Road(Rd.) 교통 수단이 다닐 수 있도록 포장된 비교적 좁은 도로
- Circle(Cr.) 끊기지 않고 연결된 원형의 길, 로터리
- Lane(Ln.) 좁고 구불거리며 포장되지 않은 작은 시골길

Day 8 〈조동사 과거형 + have p.p.〉

과거의 추측 혹은 가정법으로 일어나지 않은 일에 대한 유감·후회

- **might have p.p.** ~했을지도 몰랐다(추측) / ~했을 텐데 (그러지 않았다)

e.g. It might have been true back then, but it's not now.

그땐 사실이었을지 몰랐어도 지금은 아니야.

e.g. Without your help, we might have failed.

너의 도움이 없었다면 실패했을지도 모를 텐데. (실패하지 않았다)

- **should have p.p. ~했어야만 했는데 (하지 않았다)**

  e.g. I should have picked you up earlier.

  널 더 빨리 데리러 갔어야 했는데. (그러지 못했다)

- **could have p.p. ~했을 수도 있었는데 (할 수 없었다)**

  e.g. I could have helped you, but I didn't have money.

  널 도와줄 수도 있었는데 (못했다. 왜냐하면) 돈이 없었다.

- **would have p.p. ~했었을 텐데 (하지 않았다)**

  e.g. I would have called her, but I didn't have a phone.

  그녀에게 전화를 걸었을 텐데 (안 했다. 왜냐하면) 전화기가 없었다.

Day 10 〈구문 분석〉

I can see as plain as plain that you want to keep her.

= I can see (it) plain. + (It is) plain that you want to keep her.

당신이 아이를 키우고 싶은 마음이 분명한 만큼 나도 그걸 명확하게 볼 수 있다.

* as 형용사 1 as 형용사 2 : 형용사 2만큼이나 형용사 1한

  e.g. The flower is as beautiful as rare.

244

= The flower is as beautiful as (it is) rare.

그 꽃은 희귀한 것만큼이나 아름답다.

Day 11 〈반짝이다 : 빛의 강도·지속성·결에 따른 차이〉

• **glisten** : (흔들리는 빛으로) 빛나다

  e.g. The dew on the grass glistened in the morning sunlight.

  풀잎에 맺힌 이슬이 아침 햇살에 빛났다.

• **glow** : (지속적으로 따스한) 빛을 발하다

  e.g. The metal key began to glow.

  금속 열쇠가 빛을 발하기 시작했다.

• **flicker** : 불안정하거나 간헐적으로 깜빡거리다

  e.g. The candle flame flickered in the drafty room.

  촛불이 외풍이 있는 방안에서 깜빡거렸다.

• **gleam** : 희미한 빛이 어슴푸레 빛나다

  e.g. The moonlight gleams on the lake. 달빛이 호수에 반짝인다.

• **twinkle** : (꺼졌다 켜졌다 하는 것처럼 강약을 반복하며 지속적으로) 반짝이다

  e.g. The stars twinkle in the sky. 별들이 하늘에서 반짝인다.

• **sparkle** : (작은 빛이 강하게) 반짝이다

  e.g. The diamond sparkled in the sunlight.

  다이아몬드가 햇빛에 반짝였다.

- **shine : (지속적인 빛을 발하거나 반사되어) 빛을 내다**

    e.g. The sun shone brightly in the sky.

    태양이 하늘에서 빛난다.

- **flash : (갑작스럽게 터져 나오는 빛이) 번쩍 빛나다**

    e.g. Lightning flashed across the sky during the storm.

    폭풍우가 몰아치는 동안 하늘에 번개가 번쩍였다.

- **glare : (강하고 거친 빛이 너무 환하게) 빛나다**

    e.g. The sun was glaring in my eyes.

    태양이 눈앞에서 강하게 빛났다.

- **glitter : (작은 빛의 다발이) 빛을 발하다**

    e.g. His eyes glittered with anger. 그의 눈이 분노로 이글거렸다.

- **shimmer : (약하고 빠르게 흔들리며 부드럽고 희미하게) 빛나다**

    e.g. The lake shimmered in the moonlight.

    달빛에 호수가 반짝였다.

Day 12 〈be to 부정사〉

- **예정 : ~할 것이다**

    e.g. I am to stay here. 난 여기 머물 것이다.

- **의무 : ~해야 한다**

    e.g. You are to get your homework finished by 8 p.m.

    넌 저녁 8시까지 숙제를 끝내야 한다.

- 의도 : ~하려 하다

  e.g. If you are not to miss the train, leave right now!

  그 기차 안 놓치려면 지금 당장 가야 해!

- 운명 : ~할 운명이다

  e.g. He was to become Roman Emperor.

  그는 로마 황제가 될 운명이었다.

Day 13 〈형용사 뒤에 -ly가 붙어서 완전히 다른 뜻이 되는 부사〉

단어	의미		단어	의미	
hard	(형용사) 어려운, 딱딱한	(부사) 열심히	hardly	(부사) 거의 ~하지 않는	
	He studied hard for this exam. 그는 이번 시험에 열심히 공부했다.			He hardly studied for this exam. 그는 이번 시험에 거의 공부하지 않았다.	
near	(형) 가까운	(부) 가까이	nearly	(부) 거의	
	My birthday is coming near. 내 생일이 가까이 다가오고 있다.			The game was nearly over. 경기가 거의 끝났다.	
high	(형) 높은	(부) 높게	highly	(부) 매우	
	The airplane flew high. 비행기가 높이 날았다.			I highly recommend this book. 이 책 강추합니다.	
late	(형) 늦은	(부) 늦게	lately	(부) 최근에	
	He arrived late for the class. 그는 수업에 늦게 도착했다.			Have you seen her lately? 최근에 그녀를 본 적 있니?	
deep	(형) 깊은	(부) 깊게	deeply	(부) 매우, 심히	
	He dived deep into water. 그는 깊게 잠수를 했다.			I am deeply sorry. 정말 죄송합니다.	
most	(형) 대부분의	(부) 가장	mostly	(부) 주로, 대개	
	I like it most. 나는 그게 가장 좋아.			They are mostly women. 그들은 주로 여성이다.	

Day 17 〈어울리는 시 : Good timber〉

The tree that never had to fight

For sun and sky and air and light,

But stood out in the open plain

And always got its share of rain,

Never became a forest king

But lived and died a scrubby thing

— 〈Good timber〉, Douglas Malloh

태양과 하늘과 공기와 빛을 얻기 위해

싸울 필요가 없었던 나무는

탁 트인 벌판에서 우뚝 서서

힝싱 자기 몫의 비를 맞았다

비록 숲의 왕은 되지 못했지만

작은 나무로 살다가 죽었다

— 〈좋은 나무〉, 더글라스 말로

Day 18 〈형용사 강조 표현〉

* 형용사 as 형용사 can be : 매우 형용사 한

  e.g. I'm glad as glad can be.

나는 기쁠 수 있을 만큼 기쁘다. = 나는 매우 기쁘다.

The room is clean as clean can be. 그 방은 매우 깨끗하다.

Day 20 〈어울리는 음악 : That's what friends are for〉

'Keep smiling, keep shining, knowing you can always count on me for sure. That's what friends are for. I'll be on your side forever more. That's what friends are for.'

계속 웃어요. 계속 빛나줘요. 언제나 나에게 기댈 수 있다는 것 기억해요, 그건 확실해요. 좋을 때나 나쁠 때나 난 영원히 당신 편이라는 것. 그것이 친구가 있는 이유죠. (친구 좋다는 게 그런 거죠.)

1985년 발라드곡으로 비영리 단체 '미국 에이즈 연구 재단(amfAR)'을 돕기 위해 발매한 자선 싱글이다. 디온과 친구들(Dionne & Friends)이라는 팀명으로 디온 워윅, 스티비 원더, 엘튼 존, 글래디스 나이트가 함께했다. 발매 후 미국 빌보드 핫 100 1위를 지키며 지금까지도 사랑을 받고 있다. 스티비 원더, 디온 워윅, 휘트니 휴스턴, 루서 밴드로스가 함께 부른 노래를 감상하며 내 옆의 친구, 우정에 대한 감사를 가져보면 어떨까.

Day 21 〈숫자를 포함한 단어들〉

a couple : 2	fortnight : 14(2주)
a week : 7(1주)	a score : 20
a decade : 10	a generation : 30
a dozen : 12	a century : 100

Day 22 〈외모와 성격 묘사〉

외모		성격	
freckle	주근깨	bad-tempered	심술궂은
dimple	보조개	talkative	수다스러운
double eyelid	쌍거풀	thoughtful	사려깊은
curly hair	곱슬머리	stubborn	완고한
fair skin	흰 피부	sociable	사교적인
high chickbone	튀어나온 광대뼈	timid	소심한
pimple	여드름	extrovert	외향적인
full lips	도톰한 입술	introvert	내향적인
chubby cheek	통통한 볼	indecisive	결단력이 부족한
button nose	작고 동그란 코	hard-working	근면한

Day 24 〈Aphorism about forgiveness : 용서와 관련된 명언〉

• There is no love without forgiveness, and there is no forgiveness without love.

용서 없이는 사랑이 없고, 사랑 없이는 용서가 없다.

- Forgive, forget. Bear with the faults of others as you would have them bear with yours.

  용서하고 잊어버려라. 다른 사람이 너의 잘못을 참아주기를 바라는 것처럼 다른 사람의 잘못도 참아주어라.

- Always forgive your enemies — nothing annoys them so much.

  항상 적을 용서하라. 그것만큼 그들을 괴롭히는 것은 없다.

- Forgiving isn't something you do for someone else. It's something you do for yourself.

  용서는 다른 사람을 위해 하는 것이 아니라 나 자신을 위해서 하는 것이다.

Day 26 〈격려의 영어 표현〉

- You'll do great(=fine). 넌 잘할 거야.
- You've got this. = You got this. 넌 충분히 할 수 있어.
- You can do(=make) it! 넌 할 수 있어!

Day 29 〈별자리 : Zodiac sign〉

(출처: 코트라)

Aries	양자리	March 21 ~ Apr 19	체력, 정의감, 도전정신
Taurus	황소자리	Apr 20 ~ May 20	자상함, 인내심, 미적감각
Gemini	쌍둥이 자리	May 21 ~ Jun 20	예술 감각, 통찰력, 언어구사력
Cancer	게자리	Jun 21 ~ Jul 22	내성적, 따뜻함, 배려심
Leo	사자자리	Jul 23 ~ Aug 22	리더십, 배포, 야망
Virgo	처녀자리	Aug 23 ~ Sep 22	완벽주의, 세심함, 판단력
Libra	천칭자리	Sep 23 ~ Oct 22	공정성, 패션감각, 인간관계
Scorpio	전갈자리	Oct 23 ~ Nov 21	강인함, 젠틀맨, 카리스마
Sagittarius	궁수자리	Nov 22 ~ Dec 21	자유로움, 낙천성, 활동성
Capricorn	염소자리	Dec 22 ~ Jan 19	책임감, 현실성, 사회성
Aquarius	물병자리	Jan 20 ~ Feb 18	추진력, 창조력, 인간성
Pisces	물고기 자리	Feb 19 ~ Mar 20	상상력, 동정심, 감수성

Day 31 〈rub과 관련된 표현〉

• **rub salt in the wound 염장 지르다, 불난 집에 부채질하다**

   e.g. Watching my competitor win the race just rubbed salt in the wound. 내 경쟁자가 경기에 우승하는 걸 보니 기분이 더 나빠졌다.

• **rub elbows(=shoulders) with somebody ~와 친하게 지내다 (어울리다)**

   e.g. He rubs elbows with the celebrity all the time.

그는 항상 유명인사들과 어울린다.

- **rub somebody the wrong way ~의 신경을 거스르다**

  e.g. The way she treats me really rubs me the wrong way.

  그녀가 나를 대하는 방식이 정말 화난다.

Day 32 〈어울리는 시 : 귀천〉

나 하늘로 돌아가리라

노을빛 함께 단둘이서

기슭에서 놀다가

구름 손짓하면은

나 하늘로 돌아가리라

아름다운 이 세상 소풍 끝내는 날

가서, 아름다웠더라고 말하리라…

— 〈귀천〉, 천상병

Day 33 〈Aphorism about hope : 희망과 관련된 명언〉

- Hope for the best, but prepare for the worst.

  최선을 기대하되 최악을 대비하라.

- Miracles happen to those who believe in them.

  기적은 기적을 믿는 사람들에게 일어난다.

- Once you choose hope, anything's possible.

  당신이 희망을 선택하는 순간 무엇이든 할 수 있다.

- Life has no limitations, except the ones you make.

  인생에 한계란 없다. 당신이 스스로 정한 한계를 제외하고는.

Day 34 〈탄생석 : Birthstone〉

1월	January	garnet	석류석
2월	February	amethyst	자수정
3월	March	aquamarine	아쿠아마린
4월	April	diamond	다이아몬드
5월	May	emerald	에메랄드
6월	June	alexandrite and pearl	알렉산드라이트와 진주
7월	July	ruby	루비
8월	August	peridot	투명 감람석
9월	September	sapphire	사파이어
10월	October	opal and tourmaline	오팔과 전기석
11월	November	topaz and citrine	노란 토파즈와 황수정
12월	December	turquoise and zircon	파란 토파즈와 지르콘

Day 39 〈'모두 헛수고였어'의 다양한 표현〉

- It was all for nothing.
- It was a wild-goose chase.
- It was all in vain.
- It all came to nothing.
- It was all a waste.

Day 45 〈비슷하지만 다른, 헷갈리는 구문 정리〉

- **be used to V~ing : ~하는 데 익숙하다**

  e.g. I am used to skipping breakfast.

  나는 아침을 거르는 것에 익숙하다.

- **used to V : ~했었다 (현재는 그렇지 않다)**

  e.g. I used to stay up late at night, but now I'm an early bird.

  나는 예전에 밤늦게까지 잠을 깨어 있었지만 지금은 일찍 일어난다.

- **be used to V : ~하는 데 사용되다**

  e.g. This paper is used to build a paper house.

  이 종이는 종이집을 만들기 위해 사용된다.

Day 47 〈'설상가상'의 다양한 표현〉

- Misfortunes never come alone.
- Adding insult to injury.

- When it rains, it pours.

- One misfortune rides upon another's back.

- It never rains but it pours.

- One mischief comes on the neck of another.

- Out of the frying pan into the fire.

- To make matters worse.

Day 53 〈어울리는 영시 : The true meaning of life〉

I stood on my own,

And I still found my way,

Through some nights filled with tears,

And the dawn of new days.

And now with old age,

It's become very clear,

Things I once found important,

Were not why I was here.

And what's really important

is my opinion of me,

And whether or not,

I'm the best I can be.

— 〈The true meaning of life〉, Pat A. Flemming

나는 홀로 섰고,

여전히 나의 길을 찾았다.

눈물로 채워진 밤을 통과하며

새로운 날들로 이루어진 새벽과 함께.

그리고 이제 나이가 들며

더욱 뚜렷해지는 게 있다.

내가 한때 중요하다고 생각했던 것들이

내가 여기 온 이유가 아님을.

그리고 정말 중요한 것은

나 스스로를 바라보는 나의 시선이다.

또한 나의 인생에 최선을 다했는지

그러지 않았는지이다.

— 〈삶의 진정한 의미〉, 펫 플레밍

Day 55 〈영어의 고어체〉

- thou : 너는 = you (주격)

- thee : 너를 = you (목적격)

- thy(=thine) : 너의 = your (소유격)

Day 56 〈구문 분석 : 의미 강조〉

- **all there is to(for) + 명사 : (추가하거나 논의할 필요 없이) 전부**

  e.g. That's all there is to the story. 그게 이야기 전부야.

  e.g. That's all there is for life. 그게 인생의 전부야.

  e.g. That's all there is left for me. 그게 나에게 남은 전부야.

- **all there is to + 동사**

  e.g. He knows all there is to know about coffee.

  그는 커피에 대해서라면 (더 보탤 것이 없을 만큼) 많이 안다.

Day 57 〈접두어 out-이 붙은 동사 : ~보다 잘하다〉

- **outdo : ~보다 잘하다**

  e.g. She tried to outdo everyone else in her group.

  그녀는 무리에서 다른 누구보다 잘하려 노력했다.

- **outrun : ~보다 잘 달리다**

  e.g. The thief outran the police chasing after him.

  도둑이 쫓는 경찰보다 빨랐다.

- **outlive** : ~보다 오래 살다

  e.g. She outlived her husband. 그녀는 남편보다 오래 살았다.

- **outlast** : ~보다 오래 가다

  e.g. She can outlast everyone else on the dance floor.

  그녀는 무도회장에서 누구보다 더 오래 춤을 출 수 있다.

- **outperform** : ~보다 더 나은 결과를 낳다

  e.g. He outperformed his rivals this semester.

  그는 자기 라이벌들보다 이번 학기 결과가 좋았다.

Day 59 〈영어 이름 줄임말〉

이름	줄임말	이름	줄임말	이름	줄임말
Albert	Al, Bert, Bertie	Elizabeth	Bessy	Nathaniel	Nate
Alexander	Alex, Sander	Gabriel	Gabe	Rebecca	Becky
Alexandria	Sandra, Lexi	Gilbert	Gil, Bert	Ronald	Ron
Amanda	Mandy	Gregory	Greg	Samantha	Sam
Andrew	Andy	Helen	Nelly	Stephen	Steve
Anthony	Tony	Isabell	bell	Theodore	Ted
Catherine	Cathy	Jacob	Jake	Timothy	Tim
Danial	Dan	Jeffrey	Jeff	Victor	Vic
Diana	Di	Katherine	Kate	Victoria	Vicky
Dennis	Den	Margaret	Mag	Wilfred	Fred

Day 75 〈질병 증상 관련 영어 표현〉

sprain	삐다	dizzy	어지러운
bruise	멍들다	nauseous	메스꺼운
scratch	긁다(찰과상)	sore(irritated) throat	따끔한 목
fracture	골절되다	hoarse	목이 쉰
sneeze	재채기하다	runny nose	코흘림
cough	기침하다	stuffed nose	코막힘

Day 76 〈'속상해'의 다양한 표현〉

- upset : I'm upset about failing the test. 시험 망쳐서 속상해.
- down : It brings me down. I feel down. 그것 때문에 속상해.
- frustrated : I'm frustrated that I can't do it.

  내가 그걸 못하니 답답해서 속상해.

Day 80 〈Color Symbolism : 색이 주는 상징과 색과 관련된 표현〉

색상	상징적 의미	예시
Red	사랑, 용기, 정열, 호색, 공격, 분노	red carpet : 환대 paint the town red : 화끈하게 놀다
Pink	활기, 애정	in the pink : 건강이 좋은
Yellow	긍정, 기쁨, 영광, 희망, 이기심, 교활	yellow ribbon : 기다림의 희망 yellow journalism : 선정적인 언론
Green	젊음, 희망, 평온, 자연, 질투	green thumb : 원예에 재주가 있는 사람 green light : 허가, 승인 green with envy : 몹시 샘을 내는
Blue	조화, 고요, 신중, 무력, 불안	Monday blues : 월요병
Purple	신비, 고귀, 이상, 오만, 포기, 우울	born to the purple : 고귀하게 태어난
White	순결, 깨끗, 진실, 차가움, 완벽주의	white lie : 선의의 거짓말
Black	회귀, 복구, 죽음, 상실	black sheep : 골칫덩어리

Day 82 〈Home, House, Household의 차이〉

'집' 하면 떠오르는 단어가 'House'와 'Home'이다. 둘의 차이는 'House'는 하드웨어, 'Home'은 소프트웨어라고 생각하면 이해가 쉽다. 건물, 주택의 개념이 들어가는 집은 'House'이고 소속감을 주고 따뜻한 보금자리라는 추상적인 개념이 내포된 집은 'Home'이다. 'Home'은 부사로도 사용되기 때문에 '집으로 간다'라는 표현을 할 때는 'going to home'이 아니라 'going home'이다. 'Household'는 함께 사는 가족의 단위, '가구'를 의미하며 통계나 뉴스에서 한 가구 당 소득을 표현할 때 사용된다.

Day 85 〈속담 : 외모보다 내면이 중요하다〉

• Beauty is only skin deep. 아름다움은 피상적일 뿐이다.

• Beauty is in the eye of the beholder.

  아름다움은 보는 사람의 관점에 달려있다.

• It's the inside that counts. 중요한 것은 내면이다.

• Don't judge a book by its cover. 외모로 평가하지 마라.

Day 88 〈어울리는 노래 : The way we were〉

Memories light the corners of my mind

Misty watercolor memories

Of the way we were

Scattered pictures

Of the smiles we left behind

Smiles we gave to one another

For the way we were

— 〈The way we were〉, Barbra Streisand

추억들이 내 마음 구석구석을 비춰요

우리가 그 시절 그랬었던

아련한 수채화 같은 추억들

여기저기 흩어져 있는 사진 속의 그 미소들은

이제 과거로 남겨진 것

우리가 그 시절 그랬었던 것처럼

미소를 주고 받았죠.

— 〈추억〉, 바바라 스트라이샌드

Day 92 〈Aphorism about failure : 실패와 관련된 명언〉

- I can accept failure, but I can't accept not trying.

  실패는 인정할 수 있지만 노력하지 않은 건 인정할 수 없다.

- Many of lifes' failures are people who did not realize how

  close they were to success when they gave up.

인생에서 실패한 사람들의 상당수는 자신이 얼마나 성공 가까이 갔는지 모르고 포기한 사람들이다.

- I'd rather be a failure at something I love than a success at something I hate.

  나는 내가 싫어하는 일에 성공한 사람이 되느니 좋아하는 일에 실패한 사람이 되겠다.

매일 한 문장씩 《빨간 머리 앤》책 속 한 줄 필사
One day, One Sentence from 《Anne of Green Gables》

Day 1 무슨 일이 일어났을지 온갖 상상을 하고 있었어요.
I was imagining all the things that might have happened to prevent you.

Day 2 제가 아저씨의 가족이 된다는 건 정말 멋진 일 같아요.
It seems so wonderful that I'm going to live with you and belong to you.

Day 3 상상이 현실로 이루어지는 건 정말 기쁜 일이에요.
It's delightful when your imaginations come true.

Day 4 알아내야 할 게 많다고 생각하면 정말 짜릿하지 않나요?
It's splendid to think of all the things there are to find out about?

Day 5 거창한 생각을 하면 말도 거창할 수밖에 없어요.
If you have big ideas you have to use big words to express them.

Day 6 저는 장소나 사람의 이름이 마음에 들지 않으면 항상 새로운 이름을 상상해서 부르고 그렇게 생각해요.

When I don't like the name of a place or a person I always imagine a new one and always think of them so.

Day 7 이 세상에 좋아할 게 많다는 건 너무 멋진 일이에요.

It is splendid there are so many things to like in this world.

Day 8 이건 제 일생에 일어난 가장 큰 비극이에요!

This is the most tragical thing that ever happened to me!

Day 9 저를 앤이라고 부르시려면 철자 끝에 e를 넣은 앤으로 불러주세요. 그래야 더 기품 있어 보여요.

If you call me Anne, please call me Anne spelled with an *e*. It looks so much more distinguished.

Day 10 저 애가 우리에게 무슨 도움을 주겠어? 우리가 아이에게 도움이 되겠지.

What good would she be to us? We might be some good to her.

Day 11 여기에 상상의 영역이 있었다.

There was scope for imagination here.

Day 12 상상의 가장 나쁜 점은 상상을 그만둘 때 마음이 아프다는 거예요.

The worst of imagining things is that the time comes when you have to stop, and that hurts.

Day 13 마음을 굳게 먹기만 하면 어떤 일도 즐길 수 있어요.

You can nearly always enjoy things if you make up your mind firmly that you will.

Day 14 품행이 바르다면 이름은 중요하지 않아.

It doesn't matter what a person's name is as long as he behaves himself.

Day 15 마릴라의 마음에 불쑥 앤에 대한 동정심이 일었다.

Pity was suddenly stirring in Marilla's heart for the child.

Day 16 분명 신의 뜻이네요.

I call it positively providential.

Day 17 이 세상을 살아가는 동안 우린 자기 몫의 수고를 감당해야 해.

We can't get through this world without our share of trouble.

Day 18 기쁜 것 이상이예요. 정말 행복해요.

It's something more than glad. I'm so happy.

Day 19 아주머니는 실제와 다른 걸 상상해본 적이 없나요?

Do you never imagine things different from what they really are?

Day 20 저의 멋진 꿈들이 한꺼번에 실현되는 걸 보니 어쩌면 이 꿈도 이루어질 거라는 생각이 들어요.

So many of my loveliest dreams have come true all at once that perhaps this one will, too.

Day 21 앤은 그 2주간 깨어 있는 모든 순간을 잘 활용했다.

She made good use of every waking moment of it.

Day 22 아이 외모를 조롱하면 안 되죠.

You shouldn't have twitted her about her looks.

Day 23 그렇게 알고 있다고 해도 다른 사람들은 저를 다르게 생각해주기를 바라니까요.
You may know a thing is so, but you can't help hoping other people don't quite think it is.

Day 24 당신을 위해서라면 할 수 있을 것 같아요.
I suppose I could do it to oblige you.

Day 25 어차피 해야 할 일이라면 확실하게 하는 게 좋아요.
Since I had to do it I might as well do it thoroughly.

Day 26 예의 바르고 얌전하게 행동해야 한다.
You must be polite and well-behaved.

Day 27 같이 놀 사람이 있는 건 즐거운 일이야.
It will be jolly to have somebody to play with.

Day 28 나는 믿음직한 단짝 친구가 될 것을 엄숙히 맹세합니다.
I solemnly swear to be faithful to my bosom friend.

Day 29 정말 신기한 우연 아닌가요?
Don't you think that is a very strange coincidence?

Day 30 반을 나눠주면 나머지 반은 두 배로 더 맛있을 거예요.
The other half will taste twice as sweet to me if I give some to her.

Day 31 저 애가 없는 집은 상상할 수 없어.
I can't imagine the place without her.

Day 32 갑작스럽고 놀라운 달콤함에 마릴라는 짜릿함을 느꼈다.
That sudden sensation of startling sweetness thrilled her.

Day 33 저는 아무것도 기대하지 않는 것이 실망하는 것보다 더 나쁜 것 같아요.
I think it would be worse to expect nothing than to be disappointed.

Day 34 자수정 브로치는 마릴라의 가장 소중한 보물이었다.
That amethyst brooch was Marilla's most treasured possession.

Day 35 제가 잘하는 것 중에 하나는 똑같은 잘못을 두 번은 하지 않는 거예요.
It's one good thing about me that I never do the same naughty thing twice.

Day 36 잘못을 털어놓을 때까지 그 방에서 못 나와.
You'll stay in your room until you confess.

Day 37 너처럼 나쁜 아이가 있다는 걸 들어본 적이 없구나.
You are the very wickedest girl I ever heard of.

Day 38 때가 되면 제가 아주머니를 용서한다는 걸 기억해주세요.
Remember when the time comes that I forgive you.

Day 39 다 헛수고가 되었네요.
All my trouble was wasted.

Day 40 우리 다시 시작하자꾸나.
We'll start square again.

Day 41 이런 날엔 살아있는 것만으로도 좋지 않나요?
Isn't it good just to be alive on a day like this?

Day 42 잘하는 게 있다는 건 좋은 일 같아요.
It's nice to be clever at something.

Day 43 저만큼 뛰어난 상상력을 가진 아이는 없어요.
There's not one of them has such an imagination as I have.

Day 44 너 이제는 1등 하기 쉽지 않을 거야.
You won't find it so easy to keep head.

Day 45 앤은 무섭게 길버트를 노려보았다!
Anne looked at him with a vengeance!

Day 46 마음 속에서 여전히 분노가 끓었다.
Anger was still too hot in her heart.

Day 47 일이란 일어나기 시작하면 연달아 일어나기 마련이다.
When things begin to happen they are apt to keep on.

Day 48 앤은 평생 길버트 블라이드를 미워하기로 마음을 먹었다.
Anne had made up her mind to hate Gilbert Blythe to the end of life.

Day 49 사서 걱정을 해야 한다면 집에서 하는 게 낫다.
If you must borrow trouble borrow it handier home.

Day 50 침실은 잠만 자는 곳이 아니라 꿈을 꾸는 곳이기도 해요.
Bedrooms were made up to dream in, not just to sleep in.

Day 51 원하면 먹어도 돼.
You can have it if you like.

Day 52 특별히 사양하지 않고 세 번째 잔도 마셨다.
She offered no particular objection to the drinking of a third.

Day 53 그녀는 화가 잔뜩 나 있었다.
She was in an awful state.

Day 54 그녀는 기가 막혀서 빤히 바라보았다.
She stared in blank amazement.

Day 55 너와 나눈 기억은 내 외로운 인생에 별처럼 반짝일 거야.
Your memory will shine like a star over my lonely life.

Day 56 사람들이 알아주는 건 참 기분 좋은 일 같아요.
It's so nice to be appreciated.

Day 57 세상이 너무 재미있어서 오래 슬퍼할 수 없어요.
One can't stay sad very long in such an interesting world.

Day 58 큰일은 모두 사소한 일로 끝난다.
All things great are wound up with all things little.

Day 59 앤은 결이 같은 친구와 로맨틱함을 다시 나누는 일이 얼마나 달콤한지 느끼지 않을 수 없었다.
Anne was far from being insensible to the sweetness of once more sharing that romance with a kindred spirit.

Day 60 말로 표현할 수 없는 것들이 있다.
There are some things that cannot be expressed in words.

Day 61 그 나이대 아이로서는 상황 처리 능력과 침착한 태도가 거의 완벽할 만큼이나 훌륭했어요.

She seems to have a skill and presence of mind perfectly wonderful in a child of her age.

Day 62 세상은 하나님이 자신의 즐거움을 위해 상상해낸 것 같아요.

The world looks like something God had just imagined for His own pleasure.

Day 63 지금 제 영혼은 빨간 머리를 초월했어요.

Just at present I have a soul above red hair.

Day 64 이해받는 건 정말 기분 좋은 일이예요.

It's so nice to be understood.

Day 65 떨림은 점점 더 커졌다.

Every succeeding thrill was thrillier than the last.

Day 66 이제 그런 말괄량이에게 아무것도 해주지 않겠다고 단단히 마음 먹었다.

She is determined to do nothing at all for such a tomboy.

Day 67 상상력이 있으시다면 저희 입장에서도 생각해주세요.

If you have imagination, just put yourself in our place.

Day 68 세상에 결이 같은 사람이 이렇게나 많다니 정말 멋진 일이에요.

It's splendid to find out there are so many of kindred spirits in the world.

Day 69 이 세상에는 만남과 이별밖에 없어요.

There is nothing but meetings and partings in this world.

Day 70 앨런 사모님의 만족스러운 미소에 이 세상에서는 느낄 수 없을 만큼의 행복을 느꼈다.
Mrs Allan's approving smile was almost too much happiness for this world.

Day 71 모든 것이 즐겁게 흘러갔다.
All went merry as a marriage bell.

Day 72 결과가 좋을 때랑 똑같이 너의 따뜻한 마음씨와 배려에 고마움을 느낀단다.
I appreciate your kindness and thoughtfulness just as much as if it had turned out all right.

Day 73 내일은 아직 아무 실수도 저지르지 않은 새로운 날이에요.
Tomorrow is a new day with no mistakes in it yet.

Day 74 내 명예가 걸린 일이야.
My honour is at stake.

Day 75 앤은 세상의 그 어떤 것보다 더 소중한 존재였다.
Anne was dearer to her than anything on earth.

Day 76 우리 긍정적으로 생각해요.
Let us look on the bright side of things.

Day 77 다쳐서 누워 있는 것의 좋은 점은 친구가 얼마나 있는지를 알 수 있다는 점이에요.
A bright side to being laid up is that you find out how many friends you have.

Day 78   때로는 약간의 인정이 세상의 모든 훈육을 합친 것 만큼의 효과가 있다.
A little appreciation sometimes does quite as much good as all
the conscientious 'bringing up' in the world.

Day 79   로맨틱한 걸 다 포기하지는 말아라. 약간의 로맨틱은 좋은 거야.
Don't give up all your romance. A little of it is a good thing.

Day 80   아침에는 항상 아침이 최고라 생각하는데 저녁이 되면 저녁이 더 아름
다운 것 같아.
In the mornings I always think the mornings are best but
when evening comes I think it's lovelier still.

Day 81   상상할 수 있는 것이 훨씬 더 많다는 점에서 가난한 게 좋아.
That is one consolation when you are poor — there are so
many more things you can imagine about.

Day 82   여행 끝에 집이 기다리고 있다고 생각하면 기뻐요.
There was the delightful consciousness of home waiting at the
end of the trip.

Day 83   기초가 흔들리면 그 위에는 어떤 좋은 것도 세울 수 없어요.
If the foundation was shaky we could never build anything
really worthwhile on it.

Day 84   우리 모두는 인생의 목표를 가지고 성실하게 추구해야 해요.
Everybody should have a purpose in life and pursue it
faithfully.

Day 85 앤은 다른 애들의 절반도 예쁘지 않지만, 그 아이들을 평범하게 혹은 더 과하게 보이게 해요.

Anne ain't half as handsome but she makes her friends look kind of common and overdone.

Day 86 어떤 면에서는 어른이 되어가는 것이 재미있기도 하지만 제가 생각했던 재미는 아니에요.

It's fun to be almost grown up in some ways, but it's not the kind of fun I expected.

Day 87 하고 싶은 말이 백 가지인데 표현할 말을 찾을 수 없어.

I want to say a hundred things, and I can't find words to say them in.

Day 88 나는 나 이외의 누구도 되고 싶지 않아.

I don't want to be anyone but myself.

Day 89 진짜 나는 그대로예요. 어딜 가든 겉모습이 얼마나 변했든 그건 조금도 중요하지 않아요.

The real me is just the same. It won't make a bit difference where I go or how much I change outwardly.

Day 90 그건 신의 섭리였어. 전능하신 분이 우리에게 이 아이가 필요하다는 걸 아셨던 거야.

It was Providence, because the Almighty saw we needed her.

Day 91 꿈을 갖는 건 좋은 일이야. 한 가지 꿈을 달성하면 앞에서 더 높은 꿈이 반짝거려.

It's delightful to have ambitions. Just as soon as you attain to one ambition you see another one glittering higher up still.

274

Day 92 노력해서 성공하는 것 다음으로 좋은 것은 노력하고 실패하는 것이야.
Next to trying and winning, the best thing is trying and failing.

Day 93 나는 남자아이 열을 준다고 해도 너하고 안 바꾼다.
I'd rather have you than a dozen boys.

Day 94 전날 밤의 기억이 슬픔의 파도처럼 엄습했다.
The recollection of the day came over her like a wave of sorrow.

Day 95 에이번리는 평소의 평온함을 되찾았다.
Avonlea settled back to its usual placidity.

Day 96 자기의 의무를 정면으로 용감하게 바라보니, 그것은 (적이 아니라) 친구였다.
She had looked her duty courageously in the face and found it a friend.

Day 97 꿈을 버리지 않았어요. 단지 꿈의 목표를 바꾸었을 뿐이에요.
I'm just as ambitious as ever. Only, I've changed the object of my ambitions.

Day 98 굽이 너머에 뭐가 있을지 모르지만 가장 좋은 게 있을 거라 믿어요.
I don't know what lies around the bend, but I'm going to believe that the best does.

Day 99 아름다운 세상, 네 안에 살아있는 것이 기쁘구나.
I am glad to be alive in you, lovely world.

Day 100 발 앞의 길이 좁아진다 해도 그 길을 따라 조용한 행복의 꽃이 피어난다.
If the path set before her feet was to be narrow she knew that flowers of quiet happiness would bloom along it.

아침 10분 영어 필사의 힘

Write On, Light On
매일 종이 위에 쓰며 나의 인생을 밝힙니다

작은 변화와 성장을 위한 31가지 키워드
서울대 나온 엄마, 현직 영어교사의
필사 도서 85권을 소개합니다

하루 10분 100일의 영어 필사

나의 일상에 금가루를 뿌리는 정성, 하루 10분 영어 필사
위쌤이 선별한 '삶의 정수'가 가득한 영어 원서 6권

《The Little Prince》《Tuesdays with Morrie》
《The Alchemist》《The old man and the sea》
《Fish in a tree》《Oh, the places you'll go!》

어린왕자: 하루 10분 100일의 영어 필사

위쌤의 언어로 다시 만나는 영원한 고전, '어린왕자'
어린왕자가 지구별에 고스란히 남겨놓은 사유의 씨앗들

- 접속(사막에서 만난 어린왕자)
- 통찰(지구 도착 전 여행 이야기)
- 비밀(지구에서의 마지막 시간)
어린왕자가 주는 100일 동안의 선물